察人於形

別讓習慣害了你

萬劍聲——著

雖然人很複雜，但並不是說不可識別的。

畢竟，世上任何事情都有蹤跡可循、有端倪可察，

人也是一樣。

觀人於細，察人於形

有人說，世界上最善良的是人；也有人說，世界上最殘忍的是人；還有人說，世界上最不可理喻的也是人……，總之，對於人的看法，人們眾說紛紜。但是有一點大家是共識的，人是一種非常複雜的動物。

做爲群居社會中的一分子，一天當中的時間多半都在和形形色色的人打交道。這些人當中，有知心朋友，也有競爭對手，要想識別他們是非常不容易的。

可見，要跟人相處是頗費心思的。但是生活在這個社會上，不可避免而又別無選擇地要和各種各樣的人打交道。這就要求我們每個人必須具備一雙能看透人心的慧眼，儘量準確地判斷人、識別人，親近可交之人，遠離奸佞小人。

雖然人很複雜，但並不是說不可識別的。畢竟，世上任何事情都有蹤跡可循、有端倪可察，人也是一樣。看到別人眉開眼笑，我們知道這是內心高興的表現；看到對方義憤填膺、怒髮衝冠，我們知道這是對方發脾氣的前奏曲；看到對方說話吞吞吐吐、支支吾吾，可以想見其中必有隱情或不可告人的祕密；看到對方說話筆筒倒豆子——直來直去，可以知道對方是個爽快之人；一個人喜歡穿奇裝異服、打扮另類，可以瞭解到對方個性很強，喜歡獨樹一幟；一個人目光呆滯、神情冷漠，必是受了什麼打擊所致。總而言之，人的外在表現都是內心情感的一種流露，所謂「喜形於色」就是這個道理。只要你留心觀察，你就能練就「識人心」、「一眼看穿」的高超識人技巧。

一旦你具備了這樣的能力，你就能在周圍的環境中，識別出誰是可以改變你命運的貴人，誰將是阻礙你進步的小人，並讀出潛藏在他人內心的祕密，從而使自己在人際交往中做到遊刃有餘、八面玲瓏。

目錄

根據言談話語識別對方

PART 1

言談話語表達出來的資訊，有真實與不真實之分，要想準確識別，單憑感覺是不夠的。你不僅要分析對方的話中之意，更要分析其言外之意，同時，還要捕捉住一些相關的細節加以輔證，這就必須具有一定的技巧和功夫。

目 錄
CONTENTS

PZRT 2 根據飲食習慣識別對方

民以食為天，飲食是生命中不可或缺的一環。有人是為了活著吃，有人是為了吃而活著。飲食比其他習慣更容易洩露一個人內心的祕密，因為飲食習慣絕大部分是無意識的，是早在童年時代就已經形成的心態。從一個人喜歡吃什麼東西可以觀察出他的性格特徵，同樣，從一個人以什麼樣的方式來吃東西，也可以觀察出他的性格特徵。

目 錄
CONTENTS

根據興趣愛好識別對方

PZRT 3

涉及到興趣愛好的時候，常常是一個人個性最明顯、防禦最鬆懈的時候。所以，識別一個人最好的方式就是從他的興趣愛好入手，這樣不僅能夠近距離看清他的盧山真面目，而且容易找到針對性解決問題的方法。

目錄 CONTENTS

根據言談話語識別對方

P A R T 1

言談話語表達出來的資訊，有真實與不真實之分，
要想準確識別，單憑感覺是不夠的。
你不僅要分析對方的話中之意，更要分析其言外之意，
同時，還要捕捉住一些相關的細節加以輔證，
這就必須具有一定的技巧和功夫。

1 聞其聲，辨其人

聲音辨人術是指通過聲音來識別人才。淺層的理解，是指聽到一個人的聲音（不僅是說話的聲音，也包括腳步聲、笑聲等），就能知道他是誰，前提必須是對此人的聲音很熟悉，一般在朋友、親人之間才能辨別，這只是辨別人的身份。高層次的理解，是由聲音聽出一個的心性品德、身高體重、學歷身份、職業愛好等。這是一個很複雜的判斷過程，既有經驗的總結，又有靈感的湧動。聲音可細分爲聲與音兩個概念，既可由聲來識人，又可由音來識人，但在實際運用中，多是由聲音，即兩者同時來識別人。

聲音最能陶冶性情，戰鼓、軍號能使人精神抖擻，小鳥的囀鳴能讓人心曠神怡。「聲色犬馬」，聲音給我們帶來的享受，也是排在首位的，就連人類的求偶活動也同鳥一樣，是從婉轉的聲音開始的，所以，人在青春期對各種甜言蜜語和流行歌曲的反應都很強烈。

從生理學和物理學的角度看，聲音是氣流衝擊聲帶，聲帶受到振動引起空氣振動，而產生的，這既是一種生理現象，又是一種物理現象。人講，心動爲性——「神」和「氣」——性發成聲。意思是講，聲音的產生依靠自然之氣（空氣），也與內在的「性」密不可分。聲

音又與說話者當下的心理活動密切相關，大小、輕重、緩急、長短、清濁都有變化，這與人的特性也是息息相關的，這就是聞聲辨人的基礎。

鄭子產一次外出巡察，突然聽到山那邊傳來婦女的悲慟哭聲。隨從們面視子產，聽候他的命令，準備救助，不料子產卻命令他們立刻拘捕那名女子。隨從不敢多言，遵令而行，逮捕了那位女子，當時她正在丈夫新墳前面哀哭亡夫。人生有三大悲：少年喪父、中年喪夫、老年喪子，可見該女子的可憐。以鄭子產的英明，不會對此婦動粗，其中緣由，是因爲鄭子產的聞聲辨人之術也。鄭子產解釋說，那婦人的哭聲，沒有哀慟之情，反蓄恐懼之意，故疑其中有詐。審問的結果，果然是婦女與人通姦，謀害親夫之故。

鄭子產聞聲辨人的技巧已是很高明了。但孔子也深諳此道，似乎比鄭子產還高出一籌。雖然孔子講過「以貌取人，失之子羽；以言取人，失之宰予」，但他憑外貌聲色取人的功夫，實在是有過人的天分。

孔子在返還齊國的途中，聽到非常哀切的哭聲，他對左右講：「此哭哀則哀矣，然非哀者之哀也。」碰到那個哀哭的人之後，才知道他叫丘吾子，又問其痛哭的原因，丘吾子說：「我少年時喜歡學習，周遊天下，竟不能爲父母雙親送終，這是一大過失。我爲齊國臣子多年，齊君驕橫奢侈，失天下人心，我多次勸諫不能成功，這是第二大過失。我生平交友無

數，深情厚誼，不料後來都絕交了，這是第三大過失。我爲人子不孝，爲人臣不忠，爲人友不誠，還有何顏面立在世上？」說完便投水而死。丘吾子的三悔痛哭，是今天社會中再難重現的古士高風，而孔子能聽音辨人心事，又非常人之資賦也，所以流傳後世。

以上是由聲音來辨別一個人的心事，還可由聲音判斷一個人的心胸、職業、志向等情況。

人類的聲音，由於健康狀況的不同，生存環境的不同，先天稟賦的不同，後天修養的不同而不同。所以聲音不僅在一定程度上表現著一個人的健康狀況，而且還在一定程度上表現著一個人的文化品格——他的雅與俗、智與愚、貴與賤（這裡指人格修養）、富與貧。

古人歷來比較重視聲音，認爲聲音是考察人物的一個組成部分，在深入觀察和研究的基礎上，按照陰陽五行的原理，把聲音分爲：

金聲：特點是和潤悅耳

木聲：特點是高暢響亮

水聲：特點是時緩時急

火聲：特點是焦濁暴烈

土聲：特點是厚實高重

說話者，如果氣發於丹田（丹田是道家修煉氣功的術語，在人臍下三寸處），經胸部直衝聲帶，再經由喉、舌、齒、唇，發出的聲音與光用胸腔之氣衝擊聲帶而來的聲音，氣度不一樣，節奏不一樣，效果也有悅耳與沙啞的差別。聲帶結構不好，發出的聲音不會動聽，但如果經由專門的發聲練習，是可以較大程度地改變聲音效果的。

丹田的氣充沛，因此聲音沉雄厚重，韻致遠響，這是腎水充沛的徵象，由此可知其人身體健壯，能勝福貴。同時，丹田之氣衝擊聲帶而來的聲音洪亮悅耳，柔致有情，甜潤婉轉，給人舒服渾厚的美感。

發於喉頭、止於舌齒之間的根基淺薄的聲音，給人虛弱衰頹之感，顯得中氣不足，這也是一個人精神不足，身體虛弱，自信心不足的表現。

以聲音來判斷人的心性才能，尚有許多未知的空白，而且可信度有多高，也尚未定論，但其中的奧妙，是值得研究的。其基本原則並不只是悅耳動聽、洪亮高亢。

《禮記．樂記》云：「凡音之起，由人心生也。人心之動，物使之然也。感於物而動，故形於聲。聲相應，故生變。」對於一種事物由感而生，必然表現在聲音上。人的聲音隨著內心世界的變化而變化，所以說：「心氣之徵，則聲變是也。」

聲音不但與氣能結合，也和心情相呼應。因為聲音會隨內心變化而變化，所以：

內心平靜聲音也就平和；
內心清順暢達時，就會有清亮和暢的聲音；
內心漸趨興盛之時，就有言語偏激之聲。

這樣不就可以從一個人的聲音判斷一個人的內心世界嗎？有關這方面的知識，《逸周書．視聽篇》講到的四點值得研究：

內心不誠實的人，說話支支吾吾，這是心虛的表現；
內心誠信的人，說話聲音清脆而且節奏分明，這是坦然的表現；
內心卑鄙乖張的人，心懷鬼胎，因此聲音陰陽怪氣，非常刺耳；
內心寬宏柔和的人，說話聲音溫柔和緩，如細水常流，不緊不慢。

現代心理學也認爲，不同的聲音會給人不同的感受，有以下幾種類型：

(1)音低而粗。這類人較有作爲、較現實，或許也可以說是比較成熟瀟灑，較有適應力。
(2)聲音洪亮。此類人精力充沛，具有藝術家氣質，有榮譽感，有情趣、熱情。
(3)講話的速度快。此類人朝氣蓬勃，活力十足，性格外向。
(4)外帶語尾音。這類型的人，精神高昂，有點女性化，具有藝術家的氣質。

以上這四種類型的聲音，不論在交易或說服的工作上，都具有較爲積極的作用。同樣也有產生負面作用的聲音。

(1)鼻音。大部分人都不喜歡這種聲音。

(2)語音平板。較男性化、較沉默、內向冷漠。

(3)使人產生緊張壓迫的聲音。這類人很自傲，喜以武力解決事情。

當然，這也不能一概而論，什麼聲音好，也與談話的地點、對象、內容有直接的關係。

2 從言談話語判斷對方心理

一般說來，言談中足以表現出一個人的態度、感情和意見。固然，言談的內容是表現的因素，但言談的速度、語調以及潤飾等，亦足以影響談話內容的效果。我們往往在無意中，會經由這些因素，表現出所謂的言外之意。而聽者也會設法從這些因素來試圖瞭解對方的心理。

在說話方式的特徵中，首推速度。速度快的人，大都能言善辯；速度慢的人，則較爲木訥。此均爲每個人固有的特徵，依人的性格與氣質而異，不過，在心理學中，所要注意的，便是如何從與平時相異的言談方式中，瞭解對方心理。平日能言善辯的人，有時候忽然結結巴巴地說不出話來；相反地，平時木訥、講話不得要領的人，卻突然滔滔不絕地高談闊論。遇到這種情況，我們應小心，必定發生了什麼問題，應仔細觀察，以防意外。

說話速度特別快的人多性格外向，有青春活力，朝氣蓬勃，總給人一種陽光般的感覺。但說話速度太快的人，會給人一種非常緊張、迫切，發生了非常重大的、緊急的事情的感覺，同時也會讓人覺得焦躁、混亂以及些許粗魯。

說話緩慢的人，會給人一種誠實、誠懇，深思熟慮的感覺，但也會顯得猶豫不決、漫不經心，甚至是悲觀消極。

大體而言，當言談速度比平常緩慢時，表示不滿對方，或對對方懷有敵意；相反地，當言談的速度比平常快速時，表示自己有短處或缺點，心裡愧疚，言談內容有虛假。

從心理學的角度看，這種情形是因爲，當一個人的內心中有不安或恐懼情緒時，言談速度便會變快。憑藉快速講述不必要的多餘事情，試圖排解隱藏於內心深處的不安與恐懼。但是，由於沒有充分的時間讓他冷靜反省自己，因此，所談話題內容空洞，遇到敏感的人，便不難窺知其心理的不安狀態。

柳傳志就是一位分辨語速的高手。在聯想企業生死攸關的時候，他召開了一次董事會議，敏銳的柳傳志發現他的下屬在發言中，吞吞吐吐，全沒有企業家應有的風度，他估計有軍心渙散的趨勢，他立刻宣佈散會，接著便展開及時的調查，對症下藥，彌補企業的重大變故。

其次與說話速度一樣可以呈現特徵的，便是音調。

蕭邦曾在一家雜誌專欄中敘述道：「當一個人想反駁對方意見時，最簡單的方法就是拉高嗓門——提高音調。」的確如此，人總是希望藉著提高音調來壯大聲勢，並試圖壓倒對

方。

音調高的聲音，是幼兒期的附屬品，爲任性的表現形態之一。一般而言，年齡越高，音調會隨之相對地降低。而且，隨著一個人精神結構的逐漸成熟，便具備了抑制「任性」情緒的能力。但是，有些成人音調確實是相當高的。這種人的心理，便是倒回幼兒期階段了，因此，自己無法抑制任性的表現。在此情況下，也絕對無法接受別人的意見。

在有女性參加的座談會上，如果有人的評述似乎牽扯到某位女士，於是被批評的那位女士便會猛然地發出刺耳的叫聲，並像開機關槍似的開始反駁，使得在座者出現啞口無言的場面。因此，座談的氣氛已蕩然無存。音調高的聲音，被視爲精神未成熟的象徵。

言談之中，還有所謂語調的抑揚頓挫，對一個人的外在表現非常重要，甚至有時也能決定人的沉浮。明成化時，兵部左侍郎李震業已三年孝滿，久盼能升至兵部尚書，恰好這時兵部尚書白圭被免職，機會難得。不料朝廷命令由李震的親家、刑部尚書項忠接任。滿懷希望的李震大爲不滿，對他的親家埋怨說：「你在刑部已很好了，何必又鑽到此？」過了些天，李震腦後生了個瘡，仍勉力朝參，同僚們戲語說：「腦後生瘡因轉項。」（意指項忠從刑部轉官而來）李震回答說：「心中謀事不知疼。」仍然汲汲於功名，不死其心。其實李震久不得升遷，原因是因爲聲音的變化，影響了皇帝對他的印象。在皇帝看來，忠臣往往能奏朝章

朗朗而談，而奸臣則聲音低沉而險惡，李震的聲音歷來沙啞而不定，給人一種不可靠的感覺。因爲他素患喉疾，每逢奏事，聲音低啞，爲憲宗皇帝所惡。與李震一殿爲臣的鴻臚寺卿施純，聲音洪亮，又工於詞令，在班行中甚是出眾，憲宗對他很欣賞。因而升官的事自然與李震無緣。這雖是一個極端的例子，但也說明了音調對人們印象的重大影響。

在言談方式中，除了音感和音調之外，語言本身的韻律（節奏）也是重要的因素。充滿自信的人，談話的韻律爲肯定語氣；缺乏自信的人或性格軟弱的人，講話的韻律則慢吞吞。其中，也會有人在講一半話之後說「不要告訴別人……」而悄悄說話。此種情況多半是祕密談論他人閒話或缺點，但是，內心卻又希望傳遍天下的情形。

話題冗長，須相當時間才能告一段落的情況，也說明談論者心中，必潛在著唯恐被打斷話題的不安。唯有這種人，才會以盛氣凌人的方式談個不休。至於希望儘快結束話題交談的人，也有害怕受到反駁的心理，所以試圖給予對方沒有結果的錯覺。

另外，經常滔滔不絕談個不休的人，一方面目中無人，另一方面好表現自己，並且，這種類型的人，一般性格外向。

一個成功的政治家和企業家，在控制言談的韻律方面，都有獨到之處。這種細節性的處理方式，使自己贏得了社會或下屬的認可與尊重。

說話比較緩慢的人，大都是性格沉穩之人，他處事做人是通常所說的慢性子。從言談的韻律上可以看出一個人的性格特徵。

五代時，馮道與和凝同在中書省任職，馮道說話做事都很緩慢，而他的同事和凝則是個性急之人，辦事果斷，做人頗爲自信，由於性格上的差異，兩人經常爲一些小事而意見不合。有一天，和凝看到馮道買了一雙新鞋，認爲款式不錯，他很想買一雙穿，就問馮道：「先生這雙鞋買多少錢？」馮道慢慢地舉起右腳緩緩地對和凝說：「這九百元。」和凝素來性情急躁器量又狹小，聽到這裡，便對手下人大發脾氣：「你怎麼告訴我這種鞋子要用一千八百元？」正想繼續責罵，這時，馮道又慢慢地抬起左腳說：「這隻也九百元。」和凝怒氣才消解。

3 由笑看人識人

以全部表情來說，笑是極爲重要的因素，在喜怒哀樂的表情變化中，喜與樂的直接表現就是笑。

外向型性格的最大特徵是，每當快樂時，根本就不在乎周圍有什麼人，立刻發出愉快的笑聲，喜形於色，那是爽朗而「不客氣」的笑。外向的人，希望周圍的人知道他的高興，很自然地就會笑容滿面。相反的，悲哀時，他也會毫不掩飾地哭泣。

大體上來說，外向型的人以爽快而明朗的心態居多，所以時常面帶笑容，即使別人感到悲傷時，他也會滿面笑容地安慰對方。

外向型的人很容易跟別人打成一片，因此，他們能夠配合絕佳的時機，附合著對方歡笑。正因爲他們不隱藏感情，率直地表現自己的內心，表情自然就會很豐富。只要看他的臉孔，就不難知道他的心態，所以很容易爲別人所理解，同時，他也是一種很好相處的人。

總而言之，外向性格者喜怒哀樂的感情動向，很自然地就會展現於臉上。

1. 複雜的內向型人的笑容

笑的方式有好多種，外向型的爽朗笑容是屬於單純而明快的類型，至於內向型的笑容則相當複雜，而且以不明確者居多。

最明顯者爲假笑，他的臉雖然在笑，但是眼睛卻沒有笑，心中也絲毫沒笑，像戴著假面具的笑，這類笑有：對自我、對對方嘲笑式的笑容，空笑，假笑、令人莫名奇妙的笑，以及充滿妄想意味的笑。

總而言之，這是一種缺乏內容的笑容，有時笑聲高而尖銳，有時則是吃吃地笑，音量低得叫人幾乎聽不到聲音，一言以蔽之，那是孤獨而冷漠的笑容。

每當大伙兒很快樂地笑成一堆時，內向型的人幾乎都會發出這種空笑，那並不是附和周圍的笑聲，而是對人際關係感到不安時，爲了掩飾自己的緊張，不得已而勉強擠出來的笑容。

比起外向型來，內向型的笑容比較少。就算他們有任何的喜事，他們也認爲不必讓沒關係的人知道，甚至可以說，他們具有一種隱藏自我的防衛意識。正因爲如此，就算勉強地笑出來，看起來總給人一種虛假的感覺。遇到這種場合，只要你仔細地瞧他，就會發現，他有如女人化妝敷臉一般，整個臉孔看起來很不自然，嘴唇微微地顫抖，以致變成一種極富空虛感的冷笑。在這個瞬間，有一些人的臉孔會漲紅，此種人還算坦誠，如果是強烈內向型的話，將變成假面具一般缺乏表情，而且，當大伙兒並不感到有趣時，他卻會獨自地笑著。

有這樣一位「假笑專家」，此君是著名的顧問，時常被邀上臺演講。

因爲他深知「使用笑臉談話時，連聲調也會變得優雅」的道理，於是拼命練習笑的功夫，爲了表現出自己最好的笑容，他每天都對著鏡子練習三十分鐘，好不容易才找到了自己喜歡的笑容。

他的演講很出色，聲音很富於變化，自始至終不失笑容，他是一個能夠自己演出自身表情的好演員，不過，等到演講結束，他立刻就顯露出一臉的倦容，恢復到平時硬綁綁的表情。在與他人交往時，他也能夠充分發揮自己的演技，表現出笑容可掬的態度，讓人誤以爲他就是內外在都如此親切誠懇的一個人。

在眞實的世界裡，他屬於消極的內向型，但是在表面上，他卻裝起了爽朗的外向型。想看穿他委實非常困難。不過，在他說話過程中，仍然有笑臉消失的瞬間，這時候，他那偶爾閃現出的冷漠的眼光，已明白無誤地顯露出內在的灰暗。

2. 笑從何來

雖然說內向型的人很少有笑容，但是，他們還是有自然地笑出來的時候，但那是很脆弱而缺乏自信的笑，是類似自嘲，又有點像自虐的笑容，也是一種缺乏生氣，彷彿看透了某種

東西似的，對人生感到疲憊的笑容。除此以外，內向型的人還有無可奈何的苦笑，以及叫人感到產生雞皮疙瘩的笑容，這兩種笑容，平常若加以留意，都可以觀察得到。

感到悲哀的冷清笑容亦可以從外向型的臉孔看到，例如外向型中最認眞的「執著性格」之人，當努力變成泡影，遭遇挫折時，他就會垂下雙肩幽幽地笑起來，這時的他已經進入「憂鬱狀態」。在這種場合裡，他將跟內向性的人一樣，陷入自閉的境地，即使連笑容也顯得卑微，「拒絕上班」就是典型的例子。反過來說，也有一種又熱鬧，又誇張的歇斯底里式笑容，聲調很高、很誇張、旁若無人，乃是歇斯底里性格者特有的戲劇性笑容。這種笑容會引起周圍人的關心，然而，那絕不是叫人感到溫暖或者愉快的笑容，而是一種陰險的冷嘲。

他自己感到索然無趣時，就會以輕蔑的態度對人嗤之以鼻。關於歇斯底里性格，將留待後述，一言以蔽之，這乃是自我顯示欲很強烈的典型。

所謂虛榮心強烈的性格，固然多見於外向型的人，然而，內向型的人也有不少屬於這種性格，這種人自詡很高，做事都以自我爲中心，心中不斷產生不滿的情緒，而且不認輸，爲了對他人炫耀，言行舉止都喜歡誇大。

當然，這種人就連笑的方式也太過了一些，給人一種在演戲的感覺，他們非常喜歡出風頭，就是連笑容也希望搏得他人注目。

3.直率明快的笑

外向型的特徵是喜怒哀樂的感情，實實在在地表面化，完全從臉色顯出來。每當欣喜快樂時，他的臉上會堆滿了笑意，表情十分爽朗，眼睛閃閃發光，臉部充滿了光彩。反過來說，遭逢悲傷時，情緒會一落千丈，表情也會隨之一變，眼簾下垂，眼睛不再有光彩，當悲哀達到高潮時，他就會流眼淚，並且悲切地號啕大哭。當他發怒時，臉上立刻會有所反應，不是漲紅著臉怒罵一場，就是面容變成鐵青色。總而言之，此類型的人內心想到什麼，立刻就會表現出來，完全不會在意旁人的感受。

外向的人，對自己的感受，以及感情的起伏非常忠實，具有一種騙不了人的率直性格，如果有兩個人瞪著眼對看的話，先笑的一定是外向的人。

外向型的人一般都比較明朗快活，不過，爽朗而活潑的時期和感到黑暗而憂鬱的時期會輪流來臨，這是因爲「躁」與「鬱」循環來臨的「躁鬱氣質」是他性格的基礎。至於循環的速度則因人而不同，有些人在很短的時間內就循環一次。只要有人安慰他，或者以柔語對待，他就會很快地破涕爲笑。

說他是「單純而天眞」也不爲過，反正他迫切地需要別人理解他、知道他的心事。他非常笨拙地把自己隱藏起來，卻又希望別人知道他的心事。

正因爲如此，外向的人容易被人理解，很快就會跟別人親熱起來。

這類型的人較能坦然面對失敗，所以有些人發笑時張大嘴巴。有些人不張口而能發笑。掩飾自己感情或帶著強烈警戒心，避免他人洞察眞心的人，通常不會開口發笑。

A「哈哈哈」型的發笑

從腹腔發出笑聲的人，是所謂的「豪傑型」。一般人很難發出這樣的笑聲。這是身體狀況極佳才有的笑聲，平常若這樣發笑必是體力充沛者。

不過，這種笑聲帶有威壓感，會震懾他人，因而使人心生警戒。女性若是有這種發笑，一般是屬於領導型人。

B「呵呵呵」的笑聲

自覺沒有信心或強制壓抑不快的情緒時，沒有完全發笑的笑聲。有時可能以這種笑聲掩飾內心的牢騷，心浮氣躁或身體疲倦時，也會有這樣的發笑法。

C「嘿嘿嘿」型的笑聲

對他人帶有批評或輕蔑的心態時，這種笑聲已成習慣者另當別論。但一般人發出這種笑聲即可斷定商談無法成功。而當事者通常內心有不安和煩惱，帶有攻擊性，希望藉此壓抑對方以獲得快感。

D「嘻嘻嘻」型的笑聲

少女型的笑聲。是好奇心強，凡事都想一試的性格，非常渴望搏得周圍異性的好感，而這種心態隨時表現在臉上；情緒有高有低，愉快與鬱悶時的落差極大。

4 九大性格九種言談，各有千秋一一識別

一母生九子，九子各不同。人與人之間存在有很大的差異，由此產生了九種編狹性情。性情可能妨礙我們對人的理解。

剛強粗獷的人，談論問題不能細緻周密，頭頭是道。他們在論述整體時，顯得宏博高遠，談論細節時，往往粗枝大葉。

亢厲剛直的人，不肯屈從退讓。在法令職守方面，耿直剛正不徇私情，但固執而不變通，乖而保守。

堅韌的人，喜歡重事實，揭示細節道理時，鮮明而透澈，談論大理論時，顯得直露而單薄。

能說會道的人，言語豐富，辭意尖銳，推理人情世故，精到深刻，談論大義要旨，則淺闊而不周密。

隨波逐流的人，不能深思，排列親疏關係，豁達而厚博，排列事物的主次，則閃爍不定。

見解淺薄的人，不能深究事物的道理。聽人談論，因不用動腦筋而容易滿足，審察精深道理時，就顛倒混亂而不清。

寬容平緩的人，反應不敏捷，論仁義，則弘博詳備而高雅，論時尚潮流，則遲緩而保守。溫柔和順的人，氣勢不強盛，順乎而和暢，處理疑難問題，則軟弱猶豫而不乾脆。超脫慧黠的人，灑脫而又追求新奇。論權謀機變，奇偉而壯麗，論清靜無爲之道，則詭奇而怪誕。這就是性情上的九種偏失，它們以各自不同的心性而自成爲道理。

1. 夸夸其談的人

這種人侃侃而談，宏闊高遠卻又粗枝大葉，不大理會細節問題，瑣碎小事從不掛在心上。優點是考慮問題宏博廣遠，善從宏觀、整體上把握事物，大局觀良好，往往在侃侃而談中產生奇思妙想，發前人之所未發，富於創見和啓迪性。缺點是理論缺乏系統性和條理性，論述問題不能細緻深入，由於不拘小節而可能會錯過重要的細節，給後來的災禍埋下隱患。這種人也不太謙虛，知識、閱歷、經驗都廣博，但都不深厚，屬博而不精一類的人。

2. 義正言直的人

這種人言辭之間表現出義正言直、不屈不撓的精神，公正無私，原則性強，是非分明，立場堅定。缺點是處理問題不善變通，爲原則所驅而顯得非常固執。但能主持公道，往往得

人尊崇，不苟言笑而讓人敬畏。

3.抓住弱點攻擊對方的人

這種人言辭鋒銳，抓住對方弱點就嚴厲反擊，不給對方迴旋的機會。他們分析問題透澈，看問題往往一針見血，甚至有些尖刻。由於致力於尋找、攻擊對方弱點，有可能忽略了從總體、宏觀上把握問題的實質與關鍵，甚至捨本逐末，陷入偏執與死胡同中而不能自拔。在用人時，應考慮他在「大事不糊塗」方面有幾成火候，如大局觀良好，就是難得的粗中有細的優秀人才種子。

4.速度快、辭令豐富的人

這種人知識豐富，言辭激烈而尖銳，對人情事故理解得深刻而精到，但由於人情世故的複雜性，又可能形成條理層次模糊混沌的思想。這種人做力所能及的工作，完全可以讓人放心，一旦超出能力範圍，就顯得慌亂，無所適從。接受新生事物的能力強，反應也快。

5.似乎什麼都懂的人

這種人知識面寬，隨意漫談也能旁徵博引，各門各類都可指點一二，顯得知識淵博，學問高深。缺點是腦子裡裝的東西太多，系統性差，思想性不夠，一旦面對問題可能抓不住要領。這種人做事，往往能生出幾十條主意，但都不得要領。如能增強分析問題的深刻性，做到駁雜而精深，直接把握實質，會成爲優秀的、博而且精的全才。

6. 滿口新名詞、新理論的人

他們接受新生事物很快，撿到新鮮言辭就能在日常生活中運用，而且有躍躍欲試、不吐不快的衝動。缺點是沒有主見，不能獨立面對困難並解決之，易反覆不定，左右徘徊，比較軟弱。如能沉下心來認眞研究問題，磨練意志，無疑會成爲業務高手。

7. 說話平緩寬恕的人

這種人性格宏廣優雅，爲人寬厚仁慈。缺點是反應不夠敏捷果斷，轉念不快，屬於細心思考，有恪守傳統、思想保守的傾向。如能加強果敢之氣，對新生事物持公正而非排斥的態度，會變得從容平和，有長者風範。

8. 講話溫柔的人

這種人用意溫潤，性格柔弱，不爭強好勝，權力欲望平淡，與世無爭，不輕易得罪人。缺點是意志軟弱，膽小怕事，雄氣不夠，怕麻煩，對人事採取逃避態度。如能磨練膽氣，知難而進，勇敢果決而不猶豫退縮，會成爲一個外有寬厚、記憶體剛強的剛柔相濟人物。

9. 喜歡標新立異的人

這種人獨立思維好，好奇心強，敢於向權威說不，敢於向傳統挑戰，開拓性強。缺點是

冷靜思考不夠，易失於偏激，不被時人理解，成爲孤獨英雄。可利用他們的異想天開式的奇思妙想，做一些有開創性的事。

5 口頭禪後面的真實內心世界

日常生活中，許多人說話時常常在無意之中高頻度地使用某些詞語，形成了人們所謂的「口頭禪」，而這些語言習慣最能表現說話人的眞實心理和個性特點。所以只要留心，就可以從一個人的「口頭禪」中窺見一個人的內心世界。

下面我們介紹一些最常見的口頭禪：

1. 喜歡說「絕對」的人，主觀

在日常生活中，我們經常碰到一些人，他們總是把「絕對」這個詞掛在嘴上，被人們戲稱爲「絕對先生」。

心理學研究表明，這種人往往比較主觀，而且常常是以自我爲中心的，他們的很多想法是不合乎實際情況的，所以在一般情況下，這種人是難以成就大事的。

這種喜歡說「絕對」的人，大多有一種自愛的傾向，有時他們的「絕對」被人駁倒之後，爲了隱瞞自己內心的不安，總要找一些理由來加以解釋，總想讓自己的東西被人接受。

其實，別人不相信他們的「絕對」，他們自己也不相信這樣的「絕對」，只不過是爲了維護自

己的所謂尊嚴而強撐著。

「絕對」這個詞語在字典中表示的是一種極端程度的意義，但在日常生活中，人們使用這個詞語的時候，表達的意義遠沒有字典中那樣極端。

那些經常說「絕對」的人，不僅表示他們「自愛」，而且這個詞還可以被他們用來做爲自我防衛的藉口，和被證明錯了時的擋箭牌。在這樣的情況下，他們常常會不斷的用「絕對」來進行保證，如「絕對不會再犯」，「絕對不會再這樣做了」等。

這種人在男女交往當中，用不了多久，他們就會說出不少的「絕對」。雖然在男女之間，戀愛到了一定的程度，說說「絕對」也是很正常的表達感情的方式，但是滿口「絕對」的人，他們的甜言蜜語就值得懷疑了。

2. 滿口都是「我」的人，天真

有些人開口閉口總是離不開「我」、「我的」等口頭禪。有人在人稱語裡，常常使用「我」字，這表示他具有兒童或女性的性格。並且這種人的自我顯示欲很強。有人不常用「我」字，但卻愛用「我們」或「我輩」等字眼，這也表示他們具有相同的性格。

在兒童當中有這種習慣的人相當多，這不足爲奇，這是一種兒童心理的表現。可是我們發現，有些成年人也常常這樣說話，原因何在呢？

心理學研究表明，有些成人之所以形成這樣的說話習慣，其原因可以追溯到他們的嬰幼兒時期。在哺乳時期，嬰幼兒與母親有一種身心合一的親密關係，而到了斷奶時期，嬰幼兒的這種感覺就受到了威脅。爲了避免這樣的威脅，嬰幼兒學會了叫「媽媽」、「我」這些單詞。「媽媽」和「我」，這些詞語在一定程度上緩解了孩子的不安全感。

在孩子的心目中，「媽媽」和「我」是密不可分的。沒有媽媽，他們很難生存下去，所以他們對媽媽有難以割捨的心理依戀。而他們聯繫媽媽的最好「工具」就是「我」。孩子不斷地強調「我」，可以從母親那裡得到一種安全感；經過這樣不斷的強化，孩子就頻繁的使用「我」而獲取更多的安慰。

孩子慢慢地長大以後，就逐漸與社會同化了，由一家的孩子變成了社會的孩子。這種通過不斷說「我」來獲得安全感的要求就逐漸淡化了。

可是有些人卻是「人長智不長」，到了成年卻依然保持著孩子的那種心理，自然也就保留了兒童時代的那種說話習慣。

應該指出的是，經常把「我」字掛在嘴巴上的人，他們並非要把自己的觀點強加於人，而只是比較天眞的表現，企圖強化自己的存在。

與這樣的人交往，一般來說是比較安全的。如果自己有這種習慣，就應該鍛鍊自己的個

性，使自己很快成熟起來。

3.喜歡說「不」的人，心軟

很喜歡說「不」的女性往往女人味十足。說「不」是女性溫柔的表現。有的人常常用這一點去取笑女性，殊不知，這正是她們的聰明之所在。女性往往會用這種方法去征服男性。

研究表明，會說「不」的女性常常都是比較能幹的，她們有主見，能持家，可以獨立完成某些工作。但是由於經常說「不」，她們往往又會遇到一些麻煩。

觀察資料表明，女性在心裡是願意的，但是嘴上卻常常說「不」。她們對丈夫或戀人就是這樣，嘴巴上經常說的一句話就是「懶得管他」，其實卻非常想管他。

同樣的道理，別人對她們提出忠告，在內心深處，她們可能已經接受，可是嘴巴卻往往會不由自主地說：「我偏不聽」。

由於這些經驗，比較聰明的男性對女性表示關心，他們的嘴巴上一般不說什麼，常常還會從相反的方面去進行「引誘」。這種巧妙的暗示，一般比明說還有效。

女性是很特別的，有時很溫柔，有時又比較「蠻橫」。女性沒有男性的蠻力，但是她們卻有一張很靈巧的嘴。有的人曾說，要征服女人的嘴巴比登天還難。很多人都有這樣的經

驗，勸女性不要這樣做，她們的回答常常是「我偏要」。如果勸女性這樣去做，她們的回答往往是「我偏不」。

面對這樣的女性，男性不要和她們較勁，因爲她們是有口無心的。很多男性不明白這一點，偏偏要與這樣的女性一爭高低，結果是弄得雙方都不高興。

4.常說「我只告訴你」的人，幼稚

英語裡有一句諷刺女人的話：女人認爲把祕密告訴給她最信任的人，並叮囑她不要說出去，就算是保住祕密。

其實這一說法並不公道。

因爲不論是男人還是女人，總有這樣一些人，一旦他們知道一點點機密，便有一種壓制不住的衝動，時時刻刻想把這種所謂的機密告訴別人，但是又怕走漏消息，所以不斷地叮囑他人。其實這種人最容易洩露機密，是最不可信的。

從心理學的角度看，一個人知道了其他人不知道的機密，要想長期隱藏在自己的心中並不是一件容易的事情，一般都有一股企圖告訴他人的衝動。因爲如果一個人知道某個祕密，就會是一個沉重的心理負擔，把祕密告訴別人，他們就會感到壓力減輕，有一種如釋重負的心理愉悅，而且向別人洩露祕密，可以搏得對方的歡心。

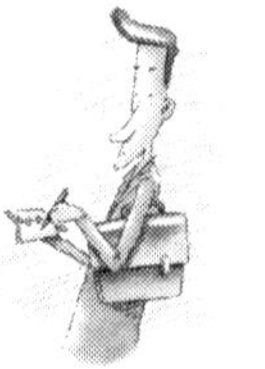

心理學家研究發現，越是祕密越想對人說。

在日常生活中，可能經常有人對你說：「這可是個祕密，不到時候對誰也不要講！」「明白我的意思了吧，千萬不要對人說啊！」「現在我要跟你說的事絕對不能張揚出去。」

爲什麼會有這種情況發生呢？

第一，如果自己知道了一些祕密，別人就會覺得你了不起。你自己也會感到知道很多小道消息和一些別人的隱私，是一種值得炫耀的驕傲。

第二，祕密只藏在一個人心裡，是會讓人感到苦悶的。

一般人都有這種毛病。你越是想讓他保守祕密，他就越想說出去。「保守祕密」和「告訴適當的人」，實際上是同類語。如果要是眞想保守祕密的話，就不會對別人講了。

可是，如果知道了祕密就隨便與人說，又覺得這個人不很可靠，於是就對他說「我只告訴你」，這是很可笑的，也是不成熟的表現。

當然，無論是出於哪一種原因，輕易洩漏祕密，都是心理幼稚的表現。這種人之所以喜歡傳播機密，正是由於心理不成熟所致，他們雖然到了成人階段，但是在心理上還不是眞正的成人。當自己聽到「機密」的事情的時候，便立即產生向人傳播的衝動，他們並未意識到這種行爲是極爲有害的。其實這種行爲不僅有損於別人，也有損自己，眞是害人不利己。

如果自己有這種不良習慣，最好的方法就是交一兩個知心朋友，有什麼機密，就給自己的朋友說說，千萬不要隨便跟別人說「我只告訴你」這樣的話。

5.「我知道」，就是意味著拒絕

孔子的弟子顏回能「聞一而知十」，可以說是少見的智慧型人物。這種人不但聰明，而且反應奇快，他們只要聽到對方的第一句話，就知道下面會是些什麼話。日本前首相田中角榮便是這種人。他有個綽號叫「我知道」，因爲大家只要一開口，他就會說「我知道……」。

有很多陳情團體找他，沒說幾句話他就能瞭解全盤形勢，然後調節安排。不過，這個世界上畢竟只有一個田中角榮。普通人都是「聞一知一」的，如果你談話的對手表現出「聞一知十」，就是不願意再聽下去的表示，因爲他無法做出明確表示拒絕的態度。

6.常說「所以說」的人，自以為是

一些人喜歡把「所以說」掛在嘴邊，乍聽起來善於總結，但深究起來遠不是這麼回事。常說「所以說」的人，最大的特點是喜歡以聰明者自居，自以爲是。

常把「所以說……」掛在嘴上的人，是經常會把之前自己說過的話，加以強調其正確性並下結論的類型。他們認爲自己在一開始的時候就已經瞭解所有的事情，頗有先見之明。

當別人說出事情的結果時，他們總是會說：「我之前不就說過了嗎？我早知道結果會是

如此。」特別強調自己對事情的發展早已經瞭若指掌。他們絕對不會說：「是啊！你說的對，我也是這麼想。」而總是說：「所以說，這件事情就是這樣，我之前不就說過了嗎？」態度表現得非常強硬、傲慢，並且喜歡將所有的功勞往自己身上攬。

他們認爲自己所說的話具有絕對的權威性，並有鄙視他人的心理。說話完全不顧及對方的心情，因此對方常會爲了他們這種隨意踐踏他人的態度，而受到傷害。所以，常常把「所以說……」掛在嘴邊的人，容易惹人討厭而自己完全不自覺。事實上他們並不覺得自己是個傲慢、令人厭惡的人，反而認爲自己相當值得同情。因爲他們得不到眾人的認同、理解，周圍的人都不願意去傾聽、去瞭解他們的事，頗有眾人皆醉我獨醒的寂寞之感。因此常在心中吶喊著：「所以說，我之前就警告過了，爲什麼大家都不願意聽我的話呢？」

如果多瞭解他們一些，就知道其實要和這類型的人相處並不困難。因爲他們非常希望得到他人的認同，渴望自己在他人心目中的形象是「見識廣博，什麼都懂」，所以如果想和他們好好相處，只要在這一點上多忍耐、擔待一些就行了。

7.嘴邊常掛著「對啊」的人會，算計

日常生活中，沒有人喜歡別人違逆自己的意思行事，所以就有這樣一類人，他們嘴邊掛著「對啊」，表面是一團和氣，人際關係也不錯，其實並不是他們的眞心話。他們是以「對

啊」來迎合別人，暗底裡卻在爲了自己的利益而精打細算。

「對啊！」這個詞語是用來肯定對方說的話，這是毋庸置疑的。

「嗯！對啊，就如同你所說的。」

「對啊！確實是這樣，我也有同感。」

類似這些用來贊同對方、認同對方的話，會讓對方聽起來格外舒服、順耳，非常高興地以爲，原來你的看法和他一樣。

他們不是屬於自我意識強烈的類型，個性表現上也不強烈，更不會勉強別人照著自己的步調走，他們比較能體會別人的心情，不會硬要別人凡事都必須順著自己的意思來做。

實際上，他們並非發自內心、謙虛地認爲別人說的話都是正確的，他們之所以常常將「對啊」這句話掛在嘴邊，是因爲這樣比較容易和別人相處融洽，使自己的人際關係更加圓融、順利而已。那麼又是什麼原因，這類型的人會希望自己在處理人際關係上，圓融、順利呢？這當然是爲了自己著想，希望能藉此得到更多的利益。

一般而言，這類型的人認爲，在允許的範圍之內，一些無傷大雅、不影響大局的小事，可以盡可能地去配合他人的步調，無須事事斤斤計較，而引起不必要的摩擦。這樣不僅可以營造氣氛的和諧祥樂，而且自己也會成爲受歡迎的人物。比起老是用對他人品頭論足、憤世

嫉俗的態度與人相處，這種可是簡單快樂多了。

可是如果你遇上這種類型的主管，先別慶幸。他們總是會善解人意地回答：「嗯！嗯！對啊！你所說的，我十分理解。」不過當事情進入最後決策階段時，他們還是會要求你照他們的意思去做，而且在這一點上他們是相當固執的，無論你提出什麼意見都是徒勞無益，他們一步也不會退讓，跟平時對任何事情都說「對啊」的樣子完全不同。

「對啊！是的！」一方面來說是肯定對方，但從另外一方面來看，卻也可能是敷衍對方的一種手段，他們對於對方的意見不屑一顧，甚至連反駁都懶得反駁。這種人是會算計他人、不可不提防的危險人物。

6 從幽默當中看對方動機

幽默是聰明和智慧的體現，一個具有強烈幽默感的人，往往更容易取得成就，獲得成功。

1. 用幽默打破僵局的人

用一個幽默來打破某一個僵局，這樣的人隨機應變能力比較強，反應快。因自己出色的表現，他們可能會成爲受人關注的對象，這很迎合他們的心理。他們大多有比較強烈的表現欲望，希望能夠得到他人的注意與認可。

2. 挖苦別人的人

常常用幽默的方式來挖苦別人的人，多心胸比較狹窄，有強烈的嫉妒心理，有時甚至做一些落井下石的事情。他們有較強的自卑心理，生活態度較消極，常常進行自我否定。他們最擅長於挑剔和嘲諷他人，整天地盤算他人，自己卻從未眞正地開心過。

3. 用幽默自嘲的人

善於說自嘲式幽默的人，首先應該具有一定的勇氣，敢於進行自我嘲諷，這不是一般人

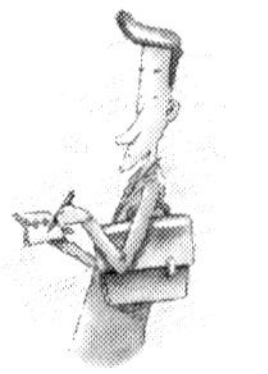

能夠做到的。他們的心胸多比較寬闊，能夠接受他人的意見和建議，而且能夠經常地反省自己，進行自我批評，尋找自身的錯誤，進行改正。

4.用幽默嘲笑、諷刺他人的人

用幽默的方式嘲笑、諷刺他人，這一類型的人，給人的第一印象往往是相當機智、風趣的，對任何事物都有細緻入微的觀察，能夠關心和體諒他人，但實際上這種人是相當自私的，他們在乎的可能只是自己。他們在爲人處世各個方面總是非常小心和謹慎，凡事總是趕著要比別人快一步。他們嫉惡如仇，有誰傷害過自己，一定會想辦法讓對方付出代價。有較強的嫉妒心理，當他人取得了成就的時候，會進行故意的貶低。

5.用幽默搞惡作劇的人

喜歡製造一些惡作劇似的幽默的人，他們多是活潑開朗、熱情大方的人，活得很輕鬆，即使有壓力，自己也會想辦法緩解這種壓力。他們在言談舉止等各方面，表現得都相當自然和隨便，不喜歡受到拘束。他們比較頑皮，愛和人開玩笑，他們在這個過程中進行自我愉悅，同時也希望能夠將這份快樂帶給他人。

6.用幽默嘩衆取寵的人

有些人爲了向他人表現自己的幽默感，常常會事先準備一些幽默，然後在許多不同的場

合不厭其煩地說。這一類型的人多比較熱衷於追求一些形式化的東西，而且很在乎他人對自己持什麼樣的態度。生活態度比較嚴肅、拘謹，能夠控制自己的感情。

現實生活中還有另外一種思維活躍，有很強的想像力和創造力，許多幽默是自然流露的人，他們的生活始終處在發掘新鮮事物的過程中，他們需要利用別人來發掘和增強自己的構想。

7 聲氣：生命的話外音

語言，是在日常生活中人與人之間相互交往、交流、傳達各種資訊和情感的一種方式和手段，它所表達的意思是，通過人們對發音器官的有意識控制和使用，而體現出來的。這種有意識的控制和使用的一個重要對象便是說話的聲和氣，通過人說話的聲和氣，可以透視一個人的心理活動。

1. 說話輕聲細氣者

這一類型的男性多待人忠實厚道，胸襟比較開闊，有一定的寬容力和忍耐力，能夠吸取他人的意見和建議爲己所用，但同時又不失自己獨到的見解。他們較富有同情心，能夠關心和體諒他人。而這一類型的女性則多比較溫柔、善良、善解人意，但有時候也顯得過於多愁善感，甚至是軟弱。

2. 說話輕聲小氣者

這類人在爲人處世各方面多比較小心和謹慎，他們具有一定的文化修養，說話措辭非常文雅而又顯得謙恭。他們對他人一般情況下都相當尊重，所以反過來他們也會得到他人的尊

重。他們對人比較寬容，從不刻意地爲難、責怪他人，而是採用各種方式不斷地縮短與他人之間的距離，密切彼此之間的關係，儘量避免一些不必要的麻煩產生。

3. 說話高聲大氣者

這類人性格多是比較粗獷和豪爽的，他們脾氣暴躁、易怒，容易激動。爲人耿直、眞誠、熱情，說話非常直接，有什麼就說什麼，從來不會拐彎抹角。這一類型的人多容不得自己受一點點委屈，他們會據理力爭，一直到弄出個水落石出爲止。他們有時會充當急先鋒，發揮召喚、鼓動的作用，但有時候也會在不知不覺當中被他人利用，自己卻渾然不知。

4. 說話唉聲嘆氣者

這類人多有比較強的自卑心理，心理承受能力比較差，在挫折困難面前，或是遭遇到失敗，就會喪失信心，顯得沮喪頹廢，甚至是一蹶不振，沒有再站起來的勇氣。這一類型的人從來不善於在自己身上尋找失敗的原因，而總是不斷地找各種客觀的理由和藉口爲自己開脫，然後安慰自己，以使一切都變得自然而然。他們時常哀嘆自己的不幸，卻以他人更大的不幸來平衡自己。

除此以外，還有一些總結出來的，由說話的聲氣觀察一個人性格的規律：

在比較正式的場合，說話伊始就先清喉嚨的人，多是由於緊張和不安的情緒所致。

在說話的過程不斷地清喉嚨的人，可能是爲了變換說話的語氣和聲調，還有可能是爲了掩飾自己內心的某種焦慮和不安。

還有的人在說話過程中並不是不斷地清喉嚨，而只是偶爾一兩次，這時大多表明他對某一個問題並不是特別的認同，還需要仔細認眞的考慮。

故意清喉嚨多是一種警告的表示，是爲了表達自己的某種不滿情緒，同時包含著對對方示威的意思，告訴對方自己可能會不客氣。

口哨聲有時候是一種瀟灑或處之泰然的表示，但有的人也會以此來虛張聲勢，掩飾自己內心的不安情緒。

8 從言談方式捕捉對方心理

語言在人們的日常生活中有著舉足輕重的作用，幾乎每一個人都離不開語言，都要說話，同樣一句話在不同的人嘴裡說出來，會產生不同的效果呢？這關鍵取決於說話者的說話方式不同，細心的人就可以從一個人的說話方式中，把握他的心理活動。

能說會道者多思維比較敏捷，反應速度快，隨機應變能力強。他們健談，善於跟他人講大道理，顯示自己的聖明。這一類型的人圓滑世故，處理各種問題相當老練，他們在絕大多數時候會很討他人喜歡，所以人際關係會很不錯。

善於傾聽者，多是一個富有自己獨特的思想、縝密的思維，而又謙虛有禮、性情溫和的人。他們可能並不太能引起他人的注意，但通過一段時間的交往，一定會得到他人的尊重和依賴，他們虛心好學，善於思考，是值得人信任的。

在說話中常帶奇思妙語者，他們大多比較聰明和智慧，具有一定的幽默感，比較風趣，而且隨機應變能力強，常會給他人帶去歡聲笑語，很討他人的喜歡。

在談話中轉守爲攻者，多心思縝密，遇事能夠沉著冷靜地面對，隨機應變能力強，能夠

根據形式，適時地調節自己。他們做事穩重，從不做沒有把握的事情，總是首先保證自己不處於劣勢，然後再追求進一步的成功。

能夠根據談話的進行，適時地改變自己的人，頭腦靈活，能夠在很短的時間內，正確地分析自己的處境，然後尋找適合的方法得以解脫。

在談話中能夠運用妙語反詰者，不僅會說，而且更會聽，當形勢對自己不利時，能夠抓住各種機會去反擊，從而使自己處於主動地位。

在談話中能夠以充分的論證論據說服對方的人，多是非常優秀的外交型人才。他們通過自己獨特的洞察力，往往能夠對他人有非常清楚的瞭解，然後使自己掌握主動地位，使對方完全按自己的思路走，以贏得最後的勝利。

談吐非常幽默的人，多感覺靈敏，心理健康，胸襟豁達，他們做事很少死板地去遵循一些規則，甚至完全是不拘一格。他們非常圓滑、靈通，顯得聰明、活潑，有許多人都願意與他們交往，他們會有很多的朋友。

在談話中，經常說一些滑稽搞笑的話以活躍氣氛的人，待人多比較熱情和親切，而且富有同情心，能夠顧及到他人。

自嘲是談話的最高境界，善於自我解嘲的人多有比較豁達、樂觀、超脫、調侃的心態和

胸懷。

在談話中善於旁敲側擊的人，多能夠聽出一些弦外之音，又較圓滑和世故，常做到一語雙關。

在談話中軟磨硬泡的人，多有較頑強的性格，有一股不達目的誓不甘休的精神，一直等到對方實在沒有辦法，不得不答應，才罷手。

在談話中濫竽充數的人，多膽小怕事，遇事推卸責任，凡事只求安穩太平，沒有什麼野心。

避實就虛者常會製造一些假象去欺騙、唬弄他人，一旦被揭穿，又尋找一些小伎倆以逃避、敷衍過去。

固持己見者從來聽不進他人的意見和建議，哪怕他人是正確，而自己是錯誤的。

9 從談論的話題分析對方真意

談話——在我們的生活中是一項不可缺少的重要內容，任何一件事物都可以成爲我們談論的話題。在談話中，雖然談話者不是非常直觀地說出自己、透露出自己，但隨著談話的進行，談話者會在不知不覺、有意無意當中暴露出內心的祕密。在這個過程中，注意談論內容是什麼，談論者的神態和動作怎樣，細心一點，一定會獲得一些有益的東西。

一個常常談論自己，包括曾有的經歷，自我的個性，對外界一些事物的看法、態度和意見等，一般來說，這樣的人多比較外向，感情色彩鮮明而且強烈，主觀意識較濃厚，愛表現和公開自己，多少有點虛榮。

與此相反，如果一個人不經常談論自己，包括曾有的經歷、自我的性格，對外界一些事物的看法、態度和意見等，則表明這個人的性格比較內向，感情色彩不鮮明也不強烈，主觀意識比較淡薄，不太愛表現和公開自己，比較保守，多少有自卑心理。另外這種人可能有很深的城府。

如果一個人在敘述某一件事情的時候，只是單純地在敘述，不加入過多的自我感情色彩，而是將自己置於事外，則表明這個人比較客觀、理智，情感比較沉著和穩定，不會有過激行爲。

相反，一個人在敘述某一件事的時候，自我感情非常豐富，特別注意個別細節，則說明這個人感情比較細膩，會一觸即發。

如果一個人在說話時習慣於進行因果和邏輯關係的推理，給予一定的判斷和評價，說明這個人有很強的邏輯思維能力，比較客觀和注重實際，自信心和主觀意識比較強，常會將自己的思想觀點強加於他人身上。

如果一個人的談話屬於概括型的，非常簡單，但又準確到位，注重結果而不太關心某個細節過程，平時關心的也是宏觀大問題，則顯示出這個人具有一定的管理者和領導者才能，獨立性較強。

如果一個人談話非常注重過程中的某個具體細節問題，對局部的關心要多於對整體的關注，則表明這個人適合於從事某項比較具體的工作。這一類型的人支配他人的欲望不是特別強烈，可能會順從於他人的領導。

如果一個人不論談論什麼話題，都會不自覺地將金錢扯入話題中。

「這棟房子眞豪華啊！」

「是嗎？那你想它大概值多少錢？」

「今天的結婚典禮，你覺得如何？」

「以這種菜色來說，一桌一萬元似乎太貴了一點吧！」

這種類型的人，往往缺乏夢想，而這個缺乏夢想的缺點，很有可能會成爲其人格上的致命傷，因爲太過於傾向現實主義，只知道賺大錢是自己人生唯一的夢想，因此，對於別人會有何種夢想，根本漠不關心。

令人感到意外的是，這種超級現實主義的人，其內心也隱隱潛伏著不安全感。在他們的觀念中：「金錢便是全世界」，反過來說，「若沒有金錢，便無法生存下去」，「沒有錢的人，也就失去了生存的價值」。因此只要他們身邊一沒有錢，他們就會感到十分地惶恐與不安，而且自己會有一種被拋棄的感覺。他們更不敢去想像，當自己身無分文、一文不名時，還有什麼東西會留在自己的身邊。

由此可知，眼中只看得到金錢的人，內心其實是十分缺乏安全感的。受到不安全感的驅策，即使累積再多的財富，他還是不能滿足，所以這種人同時也是快樂不起來的人。

一個人談論的內容多傾向於生活中的瑣事，表明他是屬於安樂型的人，注重享受生活的舒適和安逸。

一個人如果經常談論國家大事，表明他的視野和目光比較開闊，而不是局限在某一個小圈子。

一個人如果喜歡暢想將來，則表明他是一個愛幻想的人，這種人有的能將幻想付諸行動，有的卻不能。前者注重計畫和發展，實實在在地去做，很可能會取得一番成就。但後者只是停留在口頭說說而已，最終多會一事無成。

在談話時，比較注重自然現象，那麼這個人的生活一定很有規律，爲人處世也非常小心和謹愼。

經常談論各種現象和人際關係的人，可能自己在這一方面頗有心得。

不願意對人指手畫腳，進行評論的人，偶爾在不得已的時候發表自己的看法，當面與背後的言辭也多會基本保持一致，這說明這個人是非常正直和眞誠的。

對他人的評價表面一套，背地一套，當面奉承表揚，背後謾罵、詆毀，表明這個人是極度虛僞的。

有些人不斷地指責他人的缺點和過失，目的是通過對比來證明和表現自己。

有些人在談話中總是把話題扯得很遠，或者不斷地轉變話題，表明他思想不夠集中，而且缺少必要的寬容、尊重、體諒和忍耐。

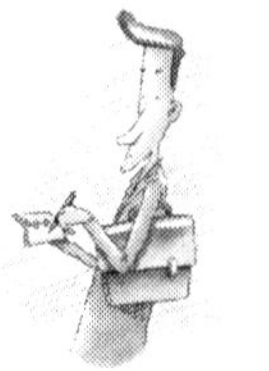

10 常說錯話的人表裡不一

奧地利下議院院長在宣告議會即將開始時，一不留神便說成了「議會結束」，因爲要讓這個議會順利進展的困難度頗高，所以議長在心中便有「希望會議儘早結束吧」的願望存在。這個願望表現在其不經意的話語中，本人在意識中清楚地知道議會一定要進行，但在潛意識裡又有恐懼、不想面對的心理，兩者互相矛盾、衝突，因而引發了這種錯誤的行爲。

生活中，你有沒有在無意識中，說出奇怪的話的經歷？心理學家佛洛德認爲，說錯、聽錯，或者是寫錯等「錯誤行爲」，都是將內心眞正的願望表現出來的行爲。

通常，說錯話的一方都會找出自己是「不小心」、「不是眞心的」等藉口，但事實上，那不小心說錯的話，其實才是他眞正想說的。這些在我們的日常生活中，可以說是屢見不鮮。

由此可知，那些常常會說錯話的人，可以推斷爲大部分是習慣性地隱藏眞正的自己，是個表裡不一的人。而且，心中很強烈地禁止自己把這些眞心話表露出來。

「這件事絕不能講出來」、「這事絕不能弄錯，非小心不可」，當你越這麼想的時候，便越容易將它說出來。相信很多人在日常生活中，也會遇到類似的情形吧！越是被禁止的東西，越去壓抑它，就越容易表露出來。

總而言之，暗藏在我們心中的許多事情，當你越想要去隱瞞它、掩蓋它的時候，就越容易說錯話或做錯事，無意之間讓心虛表露無遺。

11 愛發牢騷者苛求完美

「我們老闆眞小氣啊，整天加班，也沒有加班費。」

「那傢伙眞是令人討厭，事情做不好就早一點說嘛！也應該稍微站在我們的立場，替我們想想啊。」

像這種上班族喜歡在喝酒時發的牢騷話，有時候眞是沒完沒了，一發不可收拾。爲什麼有人特別喜歡發牢騷呢？人生在世，不如意事十之八九，一遇上不如意的事，自然也就滿腹牢騷了。

而在這群人之中，又可以分成抱怨連連以及較少抱怨的類型。像這類抱怨多的人，多屬於追求完美的人，凡事要求高水準、高理想，並時時在腦海中描繪完美的藍圖，由於達不到理想，自然也就開始牢騷不斷了。

喜歡抱怨的人，通常是滿懷理想，甚至於成天沉迷於幻想的世界中，對於現實的問題則採取漠視的態度。

這些滿腹牢騷的人當中，其實有許多人並非缺乏自信。如果他們能夠認清事實，瞭解自

己本身也並非十全十美的話，就可以少一點抱怨了。但是他們卻總是充滿自信地認爲，自己的表現完美無缺，因此常會憤世嫉俗地認爲：「我這麼努力在做，可惜周圍都是一些笨蛋，一點忙都幫不上。」在他們的心目中，總認爲自己是最完美、不會出錯的人，因此這種類型的人可以說是非常難相處的。

在這些人之中，也有許多有才能，卻因爲人際關係不好，而被別人所孤立，以致無法受到提攜，懷才不遇的人。就因爲身邊有人在，才有可以抱怨、吐苦水的對象，但誰都不喜歡當別人的垃圾筒。因此當身邊那些受不了你抱怨的人，一個接一個地離開，只剩下自己孤單一人時，就應該警覺到，其實自己也並不是完美無瑕的人。

12 喜歡談「性」，不等於好色

有些人常常在公共場合說些下流話，毫無顧忌地談論有關性的話題，其實這些人只不過是假借粗魯低俗的語言，來掩飾自己在性方面的自卑感。相反，有的人一涉及性的話題，便表示出極端厭惡的情緒，那些人反倒對性異常關注。

一般受過教育的人，是羞於公開談論性問題的，於是便在潛意識中，將話題轉移到別的上面，曾經有一段時間，男人的話題都離不了汽車，汽車的能量、行車距離、速度、馬力等，美國的《身體座談雜誌》針對這種現象做了以下的回答：「或許你並不相信，事實上男孩子談論汽車的事，是在暗示他們的性器官的大小和能力。因爲在女孩子面前不適宜談論這種話題，才轉而藉談汽車來加以發揮。因此，你只要裝出洗耳恭聽的樣子，就能滿足他們的自尊心了。」汽車與性相連，絕對不是荒誕無稽的。從心理學的觀點來看，汽車是男人性器官的象徵，而它的空間，則代表著女性的性器官。

然而女性在談論這方面事情的時候，往往用羅曼史做爲包裝紙，把這些事情用包裝紙包起來，於是她們就敢放心地高談闊論了。而且她們還可以發誓說，她們只是談談羅曼史而已，與性絕對扯不上關係。但你可以斷定那些滿嘴愛戀的女性對性不滿足，而且在不知不覺中已經暴露了她們在性方面的欲求。

在單位裡，有些很引人注目的女性，經常受到男同事的邀請，於是就會引起其他女同事的妒忌和不滿，於是招來各種流言蜚語：「哼，瞧她那個德性！臭美！」「嘿，人家就有那個福分！」「瞧，那麼多男人對她巴結奉承，可眞叫人懷疑，擔心……」等，被貶得一文不值。

她們散佈種種流言，藉以使別人的名聲一落千丈。這樣做的目的，無非是想告訴別人：「我們雖然也已經成熟，但是我們卻不會像她那樣輕浮。」她們自持貞節，實際上，這種女性的所謂貞節並不可靠。從她們熱衷猜疑談論某人「作風」問題的本身，就足以說明她們對這種生活的嚮往。她們自認爲貞潔，並以此做爲自己的美德，不過是自欺欺人罷了。但是，盡管她們口口聲聲說「貞節是女性的美德」，口口聲聲說「某某女士作風輕浮」，而她們的心中卻在說：「我眞想讓男性誘惑一回」，而且一直這麼盼著。

自古以來，認爲女人婚前要保持貞潔，是理所當然之事，否則就會被認爲是淫蕩不羈的壞女人。最近強調這種看法的人少了。然而大多數情況是口裡雖然不說出來，但是對女性的要求仍然相當保守。因此，即使口中在講「要求貞潔已經過時」之類的話，可多半不是出自眞心。而且可以這樣說，越是強調這句話的男人，其內心越是強烈期望女方是貞潔的。

比如，當一個男人聽到女朋友的往事時就會牢記心中，表面上他會裝得若無其事，其實這只是一種假裝矯飾的姿態而已。其實，表面上愈是故意裝得平靜，愈是難以忘懷對方的過去。從女性的立場來看，很可能會認爲這是男人不希望女朋友心存往事的一種表現態度，很可能認爲這個男人很大度、很富男子漢氣質，但從心理學上來看，這樣做卻是出自一般男人對女人的不信任感。其實這種男人和那些嫉妒心強以及獨占欲重的人並無兩樣。只是他的不安感是來自害怕女人結婚後會移情別戀，或是深恐對方是個水性楊花、不禁誘惑的女人。由此可見，不管男人表面上採取何種態度，他們注重貞操的願望是永遠不會改變的。

13 說粗話的心理意義

男人們聚在一起，比較容易說些「有傷大雅」的粗話，尤其是涉及禁忌的辭彙，更是有人偏愛，琅琅上口。例如「娼妓」、「淫婦」等與性行爲有關的語言，或「凸肚臍」、「狗屎蛋」等，牽涉到身上排泄物的語彙，好像只有這樣才能體現出男子漢的氣魄。其實，這類男人是因爲內心的欲求不滿而粗話連篇的。

我們可以斷定，喜歡口出穢言的人，是屬於某些方面欲求不滿類型的人物。他們在心理上是時常焦躁不安的，又沒有辦法去排除，所以一天、兩天……，長年累月積累起來，只要碰到偶發小事件，他們就借題大肆發揮。積累後的「爆炸」並不一定只是針對他不滿的對象而發動攻擊。一旦被他逮到絲毫機會，無論何時、何地、何人，他一樣照說不誤。有時候，即使說話的人不是有意的，但對聽話的人來說，卻在心裡結了個疙瘩。聽者首先可能會產生「豈有此理」、「不像話」的感覺，慢慢演變成以更惡毒、更不堪入耳的話來反辱對方，最後出現了愚蠢可笑的罵街場面。

還有一種人有故意在異性面前講粗話的嗜好，其樂趣在於觀看對方的反應。他們常常有

意選擇那些正在對異性和性方面的問題，發生興趣，但又對淫穢語言不具有抵抗力，並懷有來自生理方面的憎惡感的女性，在不適當的時候提及這類話題，也就是在不該講粗話時脫口而出。例如在上班時間，當女同事送文件來的時候，或乘巡視埋頭工作的下屬之際，對女職員講粗話，以欣賞她們的窘態。這些女子聽到粗話後，大都會面紅耳赤，或者手足無措，甚至驚慌得啜泣不已，而這正是那些人所樂於見到的。對他們來說，說粗話只是前奏，觀看女性的反應，才是他們眞正樂趣之所在。

這種因欲求不滿而產生的粗言惡語，說話的人並未考慮會招致何種後果，只是一味地借機吐出心中不快。至於是否會傷害他人，一時便不加考慮。可見，所謂粗話，只不過爲發洩內心不滿，一般並不具有特殊意義，同時又不對我們的身體造成實際上的傷害。所以，除了意欲給予對方致命的打擊，而事先在內心一再計畫盤算好了的蓄意性言語外，對於他人的粗言惡語，最好充耳不聞。

近幾年來，女性亦毫不遜色於男人，也學會了激烈地口出穢言和放浪形骸。一些比男人說的更露骨、更難聽的下流話，她們都說得出。在一度相當盛行的示威活動中，她們也高舉標語牌，尖聲大叫「混蛋」而面不改色。

乍見從溫文爾雅的女性口中，爆出如此沒有修養的語言，實在讓人寒心。但是，如果我

們站在女性的立場上看待這種現象，和男人們一樣地用粗言惡語，可以給她們一種與男人們並駕齊驅的感覺，這是婦女解放運動時代極典型的女性心理特徵。

孩子們特別是男孩子爲什麼也愛說粗話呢？要知道，孩子們如果在父母面前說些粗語，毫無疑問，一定會受到嚴厲的責罵。所以，粗話只有變成孩子們和同伴之間在相互遊戲時的通用語。孩子們彼此都知道「那種話」並沒有惡意，只是一項「遊戲」罷了，而這種「遊戲」可以滿足他們擺脫父母教訓的逆反心理，可以讓他們感到自己也能和大人們說一樣的話，自己像個大人了。

14 言辭過恭，必懷戒心

任何人際交往都是在交際雙方所結成的心理距離中進行，適當的心理距離是成功的人際交往的一個必要條件。語言可以拉近或推遠彼此間的心理距離。要想擁有圓滿而順利的社會生活，有分寸地使用恭敬的語言是很重要的。這類語言要依時間、場合、目的微妙地表達，均衡地加以運用。俗話說過猶不及，如果言辭過恭反而顯得膚淺。

在英語中，「you」是第二人稱，但在德語中卻有兩種用法：對比較親近的人用「du」，對關係較遠的人用「Sie」。所以通過對話，就能察覺到談話雙方之關係已到何種程度。有一部法國電影，其中有段這樣的情節：一個女人在酒吧間認識了一個男人，寒暄幾句，就如同老友重逢，於是一起坐下喝酒。後來，那個女人喝得爛醉如泥，不省人事。到第二天早晨，當她從睡夢中醒來，發現自己置身於那個男人的公寓裡。由於前一天晚上醉得太厲害的關係，無論怎麼想，也想不起曾經發生過什麼事情。後來，她聽到男人在對她說話時，第二人稱所用的詞是「du」，於是恍然大悟，懊喪不已。並不只限於德語，我們在日常交談中，也常能通過對敬語的使用推斷出彼此之間的關係。

適度的禮貌，是維持良好人際關係的方法之一。人與人之間的禮貌，有一定的形式、程式和措辭等，人人都必須遵循。「殷勤過度，反而無禮。」法國作家拉伯雷說：「外表態度上的禮節，只要稍具有知識即能充分做到；而若是想表現出內在的道德品行，則必須具備更多的氣質。」那麼從言辭到行動總是畢恭畢敬的人，也許可以說是氣質上的欠缺。

這些人在與人交往的時候，一般總是低聲下氣，始終用恭敬的語言、讚美的口氣說話。初交時，對方也許會有不好意思之感，但決不會對這些人產生厭惡。然而隨著交往的日益深入，他人便會逐漸察覺這種人的態度，而且會氣惱不已。這時對他的評價，大多變爲：「那傢伙原來是個口是心非、表面恭敬的人！」

這種人幼兒期一定受到過雙親嚴厲而又錯誤的教育，尤其是有關禮節方面的。因此，那些在一般人看來是可容許的欲望，卻不爲他們的良心所許可，導致他們產生了罪惡、不安和恐懼等感覺。於是，他們便將種種欲望、衝動和情緒全壓抑在內心深處，死死禁錮著。但是，被壓抑的欲望、衝動和情緒越積越多，總有一天會形成強大的攻擊衝動而發洩出來。他們直覺地意識到這一點，爲求掩飾起見，便啓動反作用的心理防衛機制——對人更加謙恭。這等於說，這類以令人難以忍受的過分謙恭的態度對待他人的人，內心往往積聚著對他人的強烈攻擊欲。

日本語意學家樺島忠夫說：「敬語顯示出人際關係的密疏、身份、勢力，一旦使用不當或錯誤，便擾亂了應有的彼此關係。」在某種無關緊要或很熟悉的人際關係中，我們根本沒有必要使用恭敬語。不過，在很親密的人際關係群中，碰見有人突然使用恭敬語對你說話，那就得小心了。是否在你們之間出現了新的障礙？如果在交談中常常無意識地使用敬語，就表示與對方心理距離很大。過分地使用敬語，就表示有激烈的嫉妒、敵意、輕蔑和戒心。所以，當一個女人對男人說話時，若使用過多的敬語，絕對不是表示對他的尊敬，反而是表示：「我對他一點意思也沒有！」或是「我根本就不想和這類男人接近」等，強烈的排斥反應。

有些人雖然彼此交往很久，雙方的瞭解也很深刻，但是，對方依然在運用客氣與親切的措辭，說話的語氣也十分謹慎。在這種情況下，對方如果不是在心理上懷有衝突與苦悶，就是在心中懷有敵意。反之，有人故意使用謙遜與客氣的言語，因爲他們企圖利用這種方式和態度闖進對方心裡，突破對方心中的警戒線，實際上，他們的眞正動機在於企圖控制對方，實現居高臨下的願望。

15 從語速快慢變化看人性格

1. 聲音不知不覺中變小者，為內向型人

講話時竊竊私語，或者彷彿耳語一般，小聲囁嚅的人，一定是屬於內向型的人。

內向型的人往往會在無意識中跟對方保持一定的距離，而且還會採取內閉式的姿勢，那意味著「我不希望對方知道我的心事」以及「不想讓初次見面的人，看穿我的心意」，當然，也就不會暢所欲言了。

內向型的人對他人的警戒心非常強烈，而且認爲不必讓對方知道多餘的事情。正因爲如此，他連自己應該說的話也懶得說出來，一心想「隱藏」自己，聲音當然就會變成囁嚅了。

這種情況不僅是在一對一的聊天時如此，在會議上的發言亦如此，因爲他並不想積極說出自己的想法，以致欲言又止，變成了喃喃自語似的，聲音很小，又很緩慢。說話時，往往不是明確而直截了當地說出來，總是喜歡繞圈子，使聽的人感到焦躁不安。這種人即使是對於詢問也不會做明確的答覆，態度優柔寡斷，給人一種索然無味的感覺。

內向型的人對別人的警戒心理固然很強烈，但是內心幾乎都很溫和，爲了使自己的發言

不傷害到別人，總是經過愼重的考慮之後再說話，同時又擔心自己發表的意見，將造成自己跟他人的對立。

因爲膽怯又容易受到傷害，而且過度害怕錯誤以及失敗，只好以較微弱的聲音娓娓而談，也許他認爲這種說話方式最安全。

不過，對於能夠推心置腹的親友及家屬就不一樣了，對於這一類特別親近的人，內向型的人都會解除警戒心，彼此間的距離也被拉近了。因此能夠以爽朗的大嗓門以及毫不掩飾的態度跟他們交談，能夠很自然地露出笑容。

2. 說話速度快，善於隨聲附和的外向型

說話速度稍快，說起話來彷彿在放鞭炮似的，幾乎都屬於外向型的人。

外向型的人言語流暢，聲音的頓挫富於變化，且能說善道，只要一想到什麼事情，就會毫不考慮地說出來，有時又會把自己的身體挪近對方，說到眉飛色舞時，口沫橫飛，有時甚至會把對方的話攔腰一斬，以便貫徹自己的主張。

縱然還不到這種地步，這種人說話的方式仍然顯得周到而且清晰，即使是對於初次見面的人，他也能夠以親切的口吻與之交談，臉上浮著微笑，不時地點頭。

當對方的意見、想法等跟他要說的意思相同時，他就會隨聲附和地說：「就是嘛……就

是嘛……」並且眨動著眼睛，因爲對外向型的人來說，跟他人同感，一唱一和之事，乃是至上的快樂。

外向型的人跟別人碰面時，只要彼此交談，就能夠使他的性格更爲鮮明。因此，話說到投機處，就無法控制，不斷地湧出話題，好像有取之不盡的「話源」似的，有時話題變得支離破碎，無法再度接合，他仍然會喋喋不休。因爲對他來說，「開講」本身就是一件樂事。

外向型的人能夠在毫不矯揉造作之下，以開玩笑的口吻介紹他自己。有時是自己的可笑的事，他都敢於說出來，博得對方一笑，因爲他是一根腸子通到底的人，什麼事情都不隱瞞，不在乎大家都知道他的事。

即使事後自己也認爲「說得太過火」，他也不會表示後悔。正因爲他具有不拘小節的性格，對於過去的事情很少去計較或者後悔，有時他甚至會忘記自己說過的事情，一旦對方提醒，方才搔著頭說：「哦！我那樣說過嗎？」

正因爲如此，他喜歡想到哪兒說到哪兒。乍看之下，這種人似乎輕率而欠缺考慮，事實上，他懂得配合對方的說話速度，一面看著對方一面交談，同時更能夠緩急自如、隨機應變地改變話題，爲的是不想掃對方的興，因此，我們可以說，這種類型的人很善於社交式的交談。

總而言之，外向型的說話方式都很注意一個目標，那就是給周圍的人快樂而輕鬆的氣氛，這是因爲他們喜歡跟周圍的人一起歡笑，甚至一塊抱頭痛哭的緣故。

16 從語言習慣看人內心

在人的動作表情中，最常被利用來捕捉對方特性的，是語言習慣，即一個人說話的腔調、聲調的高低、音量的大小、聲音的粗細等外部特徵，以及遣詞造句一類的語言表達方式的特徵。語言的表達方式包括詞的選擇，句法語序的組織和如何措辭等。

1.從話題上看人內心

在人際交往中，通過話題透視別人的深層心理，一是要從話題的內容去瞭解；二是從話題的展開方式去探索眞意所在。

話題的選擇因人而異，一般與說話者有切身關係。一種人總喜歡談自己以及子女、配偶等家事，他們做事以自己爲中心，任性，難以顧全大局，是一種心理發育不成熟的表現，因爲幼兒都喜歡說我怎麼樣怎麼樣。另一種人從不談自己而專門談別人的隱私，想瞭解對方的心理和弱點。如果是發生在男女之間，那就是一種深切的愛情或關心的表現。這兩種類型的人都以女性居多。還有一種人喜歡談新聞人物、演員、明星的隱私或醜聞，許多期刊雜誌都以此爭取讀者，最典型的代表就是少男少女中的「追星族」，如果是成人還迷戀此道的話，

就是出於一些複雜的心理因素，有的是藉此驅散寂寞無聊的心情，有的是藉此表達是非觀點，還有的是表現自己廣見多聞。

從話題的展開方式上來看，話題不一定能直接表現人的愛好與關心。社會結構越複雜，人類意識越是壓抑，而壓抑的意識自然會以一種扭曲的形式表現出來。一位瑞典學者做過一項有趣的調查，以兩百名女性員工爲調查對象。結果，她們說是因工資低而不能安心工作，實則是對工作本身不感興趣。有的人突然岔開話題，這是自我顯示欲很強的表現，這種人蔑視他人，唯我獨尊，不會顧全大局、關心他人。有的人善於追蹤話題，使對方的話題擴展開來，能將對方的情況挖出來，這類談話專家以記者居多，也是其職業需要。有的人善於傾聽和開導，他們有著寬容而善良的心，能深入瞭解他人。有的人談話沒有中心，「下筆千言，離題萬里」，如同寫作毫無脈絡，他們情緒不穩定，或邏輯思考能力弱，無法系統歸納，也許自以爲內容豐富，而實際卻支離破碎。

2. 習慣性語言

習慣性語言的形成除了社會性、階層性和區域性的語言差異外，還因爲個人素養、氣質的不同而不同。所以習慣性語言能表現自我個性，固有的語言習慣往往比說話的內容，更能表現其深層心理。

容易顯示人的語言習慣，主要有以下幾種：

1. 第一人稱

第一人稱語就是有意識地強調自我，開口便是「我以爲……」、「我說是……」等話語。這是自我意識很強且高於自信的表現，美國心理學家李彼得和懷特研究的結果表明：領導人爲專制型的團體成員與領導人，爲平均主義者的團體成員，在語言上的區別是，後者一向使用複數人稱，將「我」隱入「我們」之中。

2. 借用語

借用語就是用自己的語言說話時，特別喜歡借用警句名言、事例資料來表達意見。這種借名人的光來提高個人說話權威性的情況叫「背光效果」，這種人通常被認爲缺乏自信心，或表達對權威的憧憬。有些愛用癖詞拗語者，則是炫耀自己知識的表現。

3. 敬語

在人際關係中，最能表現心理的語言是敬語，它是心理的潤滑劑。刻意堆砌敬語，此人心中必有某種企圖。有時敬語是嫉妒、敵視、輕視或戒心的反向表現。本來是關係親密的人，忽然使用敬語，則表示關係的冷漠與疏遠。如果談話當中一直使用敬語，則表明自卑或隱藏著戒心和敵意。

4.思考語

思考語是表明人們思考動態的言詞，多屬連接詞。相當於英語中的「and」，即「然後」、「接下來」等。常說思考語的人表示其思緒鬆懈、條理層次不清。還有使用「但是」、「然而」等表示連接的思考語，這種人常在說話時整理思緒，思考力強，是聰明的表現。使用「畢竟」、「果然」等思考語，說明其意志堅決，性格強硬，政治家常以此作爲口頭禪。還有常使用「呃」、「啊」、「唔」等詞語，來尋找和應接下面的話，表示其人缺乏信心，不敢說出己見。

5.附會語

在對話中，聽者可能不時插上一些附會言者的話，表示對其所言的贊同，這就是附會語，附會語有兩種：一是重視對方所言，讓對方瞭解自己在認眞傾聽，並附帶著表情（如點頭），表示肯定和接受對方的所言。由此消除對方心理障礙，以便探明眞意。二是幫腔，幫腔者往往連對方說什麼都不清楚，就假意附和。常用附會語者或沒有主見，或心有所圖，或爲拍馬屁者。

6.流行語

使用流行語的往往是年輕人，喜歡趕時髦，缺乏自我主見，慣於不加分析地附和，追求

統一步調，同時對權威表現出怯弱的服從性。

3.從語氣透視他人的內心

說話的語氣就像表情一樣，傳達言外之意，還充分表達著言者的內心感情，以增強說話的感染力。語氣的不同，可以使表達的意思完全相反，沒有語氣的語音不僅難聽，往往使人不知所云。說話的語氣，包括聲調、速度、抑揚頓挫、感情修飾等，無不是在增強語言的內容和效果，好的播音員，不僅音色好，還善於調整語氣，來撥動人們的心弦。

說話的特徵之一是速度。速度快的多半能言善道，但有時失之於輕浮；速度慢的人要不遲鈍木訥，就是說話有分量，一句千金。如果速度快者突然變慢，是對談話的人或話題不感興趣。速度加快則往往是在說謊，比如，男人在外面拈花惹草後回家時往往話多，是因爲內心有不安和愧疚的感覺。

聲調是語氣的又一特徵，人在情緒激動時，聲調往往會提高。人的話語與所表達的意圖不一致時，音調就會異常，即常說的陰陽怪氣。

節奏是另一個特徵。節奏主要表現爲抑揚頓挫。有人刻意做出抑揚頓挫，目的是要吸引他人的注意。人在理直氣壯時，說話就有節奏感，沒有自信、心懷鬼胎的時候，說話往往慢吞吞而無節奏。還有的語氣曖昧，常使人不知所云。

4.從談話的姿勢識人

說話的姿勢與語氣一樣，表明了一個人對待對方的態度。如抱著兩臂或將兩手背到身後與人交談，表現出一種自高自大的優越感。兩手無力地垂在身旁，或坐著時手放在膝蓋上，是謙遜客氣的態度。以立正的姿勢聽人講話，是畏怯、緊張和服從的表現。有人低著頭、臉朝下，上半身鬆垮垮的，無力低著腦袋說話是羞怯、自卑或犯罪感的表現。有的在交談時，身體不停地動一動手或動動腳，是情緒不安、脾氣暴躁、容易發火的人的表現。

5.講話的方式與性格

講話容易衝動，講個沒完的人，做其他事也和說話一樣易衝動，拼命地去做。相反，說話猶豫不決，吞吞吐吐，咬文嚼字的人，做事瞻前顧後，躊躇不決。有一名叫亨特的心理學家，按照佛洛依德性格檢查法的方式，選擇了二十幾個性格最外向和最內向的高中生，讓他們口頭描述一件事物，然後再朗讀一段文字材料。實驗的結果是：外向者的語言表達能力要不非常好，就是非常糟；內向者沒有兩極分化，既無特別好的，也無特別差的。在朗讀方面，外向者與內向者相比，語調的誤差小，漏讀的也少，聲音的變化不大，數字也讀得清楚快捷。在口述方面，外向者比內向者講的時間長，且常使用語義含混的詞句。這項結果因爲測試人數少，故不具代表性，僅供參考。

17 通過察言而洞察其心

俗語說：「言未出而意已生。」在人們的現實生活中，常常會有欲言又止、吞吞吐吐的現象發生，則在那一刻他內心的心理密碼已經洩露了他的真實動機。下面的幾點是告訴人們怎樣察言而洞察人心的具體辦法。

(1)在正式場合中發言或演講的人，開始時就清喉嚨者，多數人是由於緊張或不安。

(2)說話時不斷清喉嚨、改變聲調的人，可能還有某種焦慮。

(3)有的人清嗓子，則是因爲他對問題仍遲疑不決，需要繼續考慮。一般有這種行爲的男人比女人多，成人比兒童多。兒童緊張時一般是結結巴巴，或吞吞吐吐地說「嗯」、「啊」，也有的總喜歡習慣性地反覆說：「你知道……」

(4)故意清喉嚨則是對別人的警告，表達一種不滿的情緒，意思是說如果你再不聽話，我可要不客氣了。

(5)口哨聲有時是一種瀟灑或處之泰然的表示，但有的人會以此來虛張聲勢，掩飾內心的惴惴不安。

(6)內心不誠實的人，說話聲音支支吾吾，這是心虛的表現。
(7)內心卑鄙乖張的人，心懷鬼胎，因此聲音會陰陽怪氣，非常刺耳。
(8)有叛逆企圖的人說話時常有幾分愧色。
(9)內心漸趨興盛之時，就容易有言語過激之聲。
(10)內心平靜的人，聲音也會心平氣和。
(11)心內清順暢達之人，言談自有清亮和平之音。
(12)誣衊他人的人閃爍其詞，喪失操守的人言談吞吞吐吐。
(13)浮躁的人喋喋不休。
(14)心中有疑慮不定思想的人，說話總會模稜兩可。
(15)善良溫和的人話語總是不多。
(16)內心柔和平靜的人，說話之時總是如小橋流水，溫柔和緩，極富親和力。

18 從閒談破譯對方的心態

從語言的密碼中破譯對方的心態，閒談是瞭解對方的一種最好方式，整個氛圍顯得輕鬆愉快，又讓對方心理上沒有防線。

第二次世界大戰中期，東條英機出任日本首相。此事是祕密決定的，各報記者都很想探得祕密，竭力追逐參加決定會議的大臣採訪，卻一無所獲。這時候，有位記者有心研究了大臣們的心理定勢：大臣們不會說出是誰出任首相，假如問題提得巧妙，對方會不自覺地露出某種跡象，有可能探得祕密。於是，他向一位參加會議的大臣提了一個問題：此次出任首相的人是不是禿子？因爲當時有三名候選人：一是禿子，一是滿頭白髮，一是半禿頂，這個半禿頂就是東條英機。在這看似無意的閒談中，這位大臣沒有仔細地考察到保密的重要性，雖然他也沒有直接回答出具體的答案，聰明的記者，從大臣思考的瞬間，就推斷出最後的答案，因爲大臣在聽到問題之後，一直在思考半禿頂是否屬於禿子的問題。記者從隨意的閒聊中挖出了他需要的獨家新聞。

與人談話時，一些見識淺薄，沒有心機的人就會很容易地把自己的不滿情緒傾訴給你

聽。對於這種人，你不應和他保持更深更多的交往，只需當做一個普通朋友就行了。

假如和對方相識不久，交往一般，而對方就把心事一股腦地傾訴給你聽，並且完全是一副苦口婆心的模樣，這在表面上看來是很容易令人感動的。然而，轉過頭來他又向其他人做出了同樣的表現，說出了同樣的話，這表示他完全沒有誠意，絕不是一個可以進行深交的人。

這種人對一切事物都沒有什麼深刻的印象，千萬不要附和他所說的話，最好是不表示任何意見，只須唯唯諾諾地敷衍就夠了。

另外，還有一類人，他們唯恐天下不亂，經常喜歡散佈和傳播一些所謂的內幕消息，讓別人聽了以後感到忐忑不安。其實他們這樣做的目的是爲了引起別人的注意，滿足一下他們不甘久居人下的虛榮心。他們並不是心地太壞的人，只要被壓抑的虛榮心獲得滿足之後，天下也就太平了。

以傾聽方式出現的人，其表現是支配者的形態。這種人物的談話從不涉及自己的事，或有關自己身邊的人。他們的話題反而是涉及別人的一些瑣事，或對方的隱事祕聞，甚至對對方的一舉一動或每條花邊新聞都抓著不放手。這是完全徹底地侵犯別人的隱私。

從男女情況的角度來看，表示你很關心對方，或者極度熱愛對方，因爲你是個忠誠的傾

聽者。

像這樣的傾聽者，非常喜歡把話題的重點放在跟自己完全無關的人、名人、歌舞影星的花邊新聞軼事方面，這說明他的內心存在一種支配作用的欲望。

由此可見，他是個沉迷於閒談名人或明星風流事的人，也說明他很難擁有眞正的知心朋友。這類人或許是因爲內心生活很孤獨，沒有生命的激情。一個人過於關心自己不太熟悉的事情，並且十分熱心去談論他們，都是表示他內心世界的孤獨和空虛。

在現實生活中，還有這樣的一類人，他們無論在何種場合，與別人交談時，都愛把話題引到自己的身上，吹噓自己當年如何奮鬥的經歷。唯恐別人不知道他的光榮歷史，而結果，並不像他想像得那樣好。

其實，從某個方面來分析他，可以發現他是個對現實不滿的人，雖然他沒有用怨恨的語言傾訴他的想法，相反卻用自我表現的方式表達出來。

事實上，他還不知道這種自我吹噓的言談，很難適應時代的變化。或許他是個不折不扣的失敗者，完全靠懷舊來過生活。

不過可以看出他確實陷入某種欲求不滿的環境中，可能他的升職途徑遭受阻礙，或者無法適應目前所處的環境。所以他希望忘卻現實，喜歡追尋往事來彌補現在的境遇。

這是一種倒退的現象，因爲眼前的情況是如此的殘酷，所以，他仍用夢幻般的表情來談。從他的話題裡，別人會發現，他的內心深處正潛伏著一股無可救藥的欲求和不滿的情結。

分析一個人的內在表現時，他的潛在欲望不但隱藏在話題裡，也存在於話題的展開方式上。在聚會上，大家彼此正在交談時，突然有人竟然不顧別人的談話，而突然插進毫不相干的話題，這是相當令人討厭的方式。

有的人在和別人談話時，經常把話題扯得很遠，讓你摸不著頭緒，或者不斷地變換話題，讓別人覺得莫名其妙。這說明這種人有著極強的支配欲和自我表現意識，在他的想法中，很少把別人放在眼裡，而完全擺出我行我素的模樣，讓別人都去聽從他的主張，以他的意見爲主導。

一般說來，一個政府官員或一個企業的領導，都會有滔滔不絕談話的習慣，其實，透過這種表面的現象，可以看出他擔心大權旁落的心理狀態。也可以說，他是一個喜歡占據優勢地位的人。

話題的內容不斷變化固然是個好現象，但談得離譜，一切都顯得毫無頭緒的樣子，那就會使聽眾感到索然無味。假如他是個普通人，總談些沒有頭緒的話題，或者不斷改變話題，東拉西扯，那就表示他的思想不集中，給別人留下支離破碎的印象。這說明他是個缺乏理性思考的人。

當然，一個優秀的談話者，是很少談及自己的東西的，而是將對方引出來的話題分析、整理，結果不斷地從對方身上吸取許多知識和情報。在一般情況下，有的人將全部注意力放在傾聽對方的談話上，從性格上講，這一類型的人容易理解別人的心思，而且具有寬容的精神，有眞正的君子風度。

蘇東坡是宋代文學家，他極具語言的天賦，雄辯無礙的他，卻非常注重別人的談話。有時和朋友聚會，他總是會靜下心來，聽他們高談闊論。一次聚會中，米芾問蘇東坡：「別人都說我癲狂，你是怎麼看的？」蘇東坡詼諧地一笑：「我隨主流。」眾友爲之大笑。即使是朋友間的不同觀點，他也以「姑妄言之，且姑妄聽之」的態度對待。

經常使用與英文連接詞「and」意義相當的詞，如「嗯……還有……」「這個……」「那個……」等的人，表示他的話不能有條理地進行，思考無頭緒，思緒無條理。但即使同樣使用連接詞，常用與「but」意義相當的「但是……」「不過……」的人，一般可以認爲其思考力較強。當他們在講話時，腦子裡還會浮現相對語以求過濾求證。所謂能言善辯、頭腦敏銳的人，就是指此類的人。但是如果此種語調反覆出現多次，其理論也隨之翻來覆去，迫使對

方緊隨不捨，不知不覺中被牽著鼻子走，失去了招架之力。

經常使用這種表現手法的人，大都比較愼重，也正是因爲如此，說話難免時斷時續，只好在重新整合之後，才可以繼續下去。這是一種缺乏自信心的表現。

19 從客套語中看清對方的真心

在人際關係中，最容易被破譯密碼的語言，就是客套語。客套語的存在，是社會發展的必然結果。但是客套語要運用恰當，過分牽強而顯得不自然的人，說明此人別有用意。客套語的反面是粗俗語，一些人會對自己心儀之人，必然冒出隨意的言語，以示雙方的關係非同一般，給人以親密感的誤會。

在毫無隔閡的人際關係中，並不需要使用客套話。不過，當在此種親密的人際關係裡，突如其來地夾入客套話的時候，就必須格外小心。有時候，男女朋友之某一方，使用異乎尋常的客套話時，就很可能是「心裡有鬼」的徵兆。

用過分謙虛的言詞談話時，可能在表示強烈的嫉妒心、敵意、輕蔑、警戒心等。「語言乃是測量雙方情感交流的心理距離的標準。」客套話使用過多，並不見得完全表示尊敬，往往也可能含有輕蔑與嫉妒因素。同時，在無意中會將他人與自己隔離，具有防範自己不被侵犯的預防功能。

某些城市的人，對外地人說話很客氣，這從另一個角度看，或許是一種強烈的排他性表

現。因此，往往無法與人熟悉，儘是給人以冷淡的印象。以此類推，假使交情深厚的朋友，仍不免使用客套話時，則很可能內心存有自卑感，或者隱藏著敵意。

喜歡使用名人的用語和典故的人，一般來說大部分都屬於權威主義者。

對於使用借用語的問題，不但是使用別人的語言來表達自己的意思，而且還透露一種超越自己以上的東西，一種自我擴張的表現欲。

假如你開口閉口就愛抬出一大堆晦澀難懂的詞語或外國語，就會讓人有一種走錯廟門的感覺。事實上，他只是一個用語言當做防衛自己弱點的人，他這樣做，無非是加強說話的分量，同時也表示自己的見多識廣，來抬高身份和擴大自己的影響。

宋代王子韶，是個性情散漫之人，但他的口才很好，在他任縣令時，當時還不是知名人物。一天，他進謁一位顯貴，當他到達之時，那名顯貴和其他客人在探討《孟子》，就沒有把位卑人微的王子韶放在眼裡，只顧談興而沒有正視王子韶的存在。待了很久，那位顯貴突然停下話來對王子韶說：「你讀過《孟子》嗎？」王子韶回答說：「那是我生平最喜歡的一本書，只是我全然讀不懂其中的意思。」顯貴便問：「哪一句讀不懂呢？」王子韶說：「『孟子見梁惠王』，只是第一句已是不懂了。」顯貴非常驚訝：「這句有什麼難懂之處呢？」王子韶趁機說：「孟子既然說『不見諸侯』，爲什麼又去見梁惠王呢？」王子韶之所以說這句話是因爲孟子還說過，「雖不見諸侯」，但「迎之致之以有禮，則就之」。王子韶引此譏主人無禮。顯貴見名不見經傳的王子韶有如此機智，遂重之。可見，喜歡借用名人的語句或典故，可以爲自己標新立異。

20 通過打招呼識別對方

從一個人打招呼的方式上可以看到對方很多東西。

(1)一面注視對方，一面行禮的人，對對方懷有警戒之心，同時也懷有想占盡優勢的欲望。

(2)凡是不敢抬頭仰視對方的人，大部分都是內心懷有自卑感的。

(3)在行禮的時候，在意識上保持距離的人，對對方懷有警戒心，並有相當的顧慮。

(4)初次見面，就碰觸對方的肩膀打招呼，頓時當場的氣氛導向有利於自己的一面。

(5)用力向對方握手的人，具有主動的性格和信心。

(6)握手的時候，無力地握住對方的手，表示他有氣無力，是性格脆弱的人。

(7)在舞會或公共場合，頻頻向生人握手打招呼者，即表示他的自我顯示欲非常旺盛。

(8)握手的時候，手掌心冒汗的人，大多數是由於情緒激動，內心失去平衡。

(9)握手的時候，如果目不轉睛地注視著對方，其目的要使對方在心理上屈居下風。

(10)雖然不是初次見面，但始終都用老套的話向人打招呼或問候，這種人具有自我防衛的

心理。

根據飲食習慣識別對方

PART 2

民以食為天，飲食是生命中不可或缺的一環。
有人是為了活著吃，有人是為了吃而活著。
飲食比其他習慣更容易洩露一個人內心的祕密，
因為飲食習慣絕大部分是無意識的，是早在童年時代就已經形成的心態。
從一個人喜歡吃什麼東西可以觀察出他的性格特徵，
同樣，從一個人以什麼樣的方式來吃東西，也可以觀察出他的性格特徵。

1 從吃相上識別對方

任何人活著總是離不開食物的，食物對於人來說可謂是重中之重。怎麼吃？在哪裡吃？到什麼時候吃？聽起來彷彿都是有意識的選擇，但是這些選擇其實老早就根植在你的個性中了。

1. 喜歡將食物切成若干小塊慢慢吃的人

將食物分割成若干小塊，然後一點兒一點兒慢慢地吃，這樣的人，多是比較傳統和保守的，他們爲人處世都比較小心和謹慎，不會輕易地得罪人，在很多時候都充當好好先生，保持中立。這一類型的人由於缺少冒險精神，所以在事業上所取得的成就不是很大。他們在很多時候比較機智和圓滑，有自己的主張，不會輕易地接受他人的建議，但又不會表現得太過於明顯。

2. 對喜歡的食物總吃不夠的人

吃東西不知道加以節制，看到喜歡的就一定要吃個夠，這一類型的人，性格大多比較豪爽和耿直，他們多有很好的人際關係，具有一定的組織能力，能使自己的周圍經常團結著許

多人。他們不懂得也不會掩飾自己的情緒，喜怒哀樂往往全部寫在臉上，讓人一目了然。

3. 喜歡獨自進餐的人

從來不喜歡和他人一起進餐，而樂於自己單獨一個人靜靜地吃，這樣的人大多性格比較孤僻，有些自命清高和孤芳自賞。他們比較堅強，做事也很穩重，具有一定的責任心，能保持言行的相對一致，做到言必信、行必果。一般來說，他們在很多時候都能讓自己的上司和親人、朋友感到滿意。

4. 站著吃的人

他戴著帽子、穿著衣服，就站在開著門的冰箱前面吃東西。他很餓，需要立刻吃東西。他經常吃沒煮過的食物，咖啡還沒沖泡好就喝了。儘管他的胃口好，狼吞虎嚥，但只要他滿足了，他可能是個溫柔、體貼甚至是個慷慨的人。

5. 邊煮邊吃的人

她是一個妻子、一位母親、一個犧牲自己的人。但願她所服侍的人，曾經感謝她為他們做牛做馬。她從來沒有機會坐下來和家人一塊用餐，因為如果這樣的話，那誰來侍候他們？所以，她要站在火熱的爐邊吃。讓家人高興是一件很重要的事。

6. 邊吃邊看書的人

他需要不斷補充食物才能思考。他心裡有許多的夢想和計畫，而他需要利用每一個多餘的時間去思考這一切。他做事符合經濟效益，經常爲了節省時間和精力，而同時做兩、三件事。

7. 邊走邊吃的人

他在百忙中抓起一個熱狗和一杯汽水，最後再吃一根雀巢巧克力棒當做甜點。雖然他讓旁人覺得很忙碌，來去匆匆，事實上，他毫無規律，決定只憑一時衝動，結果經常和自己的興趣相悖。由於他不善於分配自己的時間，因而替自己找了許多不必要的工作，和許多消化不良的機會。

8. 應酬飯局的人

他所渴望的是人，而不是食物，所以，他進餐廳的主要理由是交際，而不是吃飯。要他單獨在當地的小酒吧裡喝酒，根本是不太可能的事。任何活動，只要有人和他一起做，無論是看電影、欣賞表演，就變得有趣極了。其實，他非常需要有人陪伴。

9. 一邊看電視一邊吃的人

他不喜歡一個人吃飯，可是，他也不想和別人聊天。傳統上，吃飯時間也正是一家人聚在一起，討論一天所發生事情的時候。不過，在晚餐時間看電視，的確阻礙了大家接觸的機

會，結果，每個人都變得愈來愈孤獨。因此，一家人唯一可以共同分享的感受，是那些伴隨廣告而來的話題。

10. 吃飯速度很快的人

他做任何事都很快。遇上任何事，他都想立刻把它們做完。對他而言，人生只有目標，沒有過程。他不記得如何開始，無法享受達到目的的喜悅，唯一關心的是盡快著手做下一件事。

11. 細嚼慢嚥的人

他喜歡體驗咬、吸、嚼、嘗、吞等感官之樂。他不慌不忙地咀嚼每一口食物，爲的是盡情享受食物的味道。他以緩慢而悠閒的步調過日子，享受著歡樂的時光。世界上沒有一個侍者能夠催他趕快把飯吃完，因爲晚餐對他來說，是持續整個晚上的享受。

12. 帶剩菜回家的人

他知道如何善用每一塊錢，會把一餐變成兩餐。今天的晚餐就是明天的午餐。他是一個缺乏安全感的人，覺得自己不斷受剝削，即使事實上他並未受到他人的剝削。他從小一直被灌輸「不浪費、不匱乏」的信條，認爲只要將剩飯菜帶回家，就是不浪費，不吃虧。

13. 在餐廳吃的人

對他而言，服務比食物重要，因爲他喜歡有人侍候他。如果別人先問他，他會很樂意地告訴他心中眞正的欲望。一旦他說出了心中的需求，便希望能夠依照他所說的實現。經常在外吃飯，可能表示他實在不善於照顧自己，而且他可能是個確定有所收穫才願意付出的人。

14. 在家裡吃的人

他只願意對自己負責，如果別人侍候他或刻意迎合他，他便覺得渾身不自在。對他而言，適應新環境是種沉重的負擔，因此，他選擇在熟悉的環境中放鬆自己。

15. 定時進食的人

他被訓練成每天固定在幾個時間吃東西，而且如果吃的時候正好是規定的時間，那他的心情會更好。其他時間即使挨餓他都無所謂，因爲他已經掌握了自制的藝術，包括做錯事自我處罰。

16. 要求別人給他東西吃

在他的成長過程中，只要大喊「媽！我餓了」，他母親便會放下手邊的一切事情，即使到了三、四十歲仍舊如此。直到現在，他仍舊沒有預先的計畫來管理自己的生活。他希望放縱享樂，得到立即的滿足，覺得這世界該把他當成唯一的小孩。

17. 不吃早餐的人

不吃早餐可能代表兩件事：第一，他是如此熱衷自己多采多姿的生活，使他無法爲了喝一杯橙汁而暫停片刻；第二，他找到了一份令他厭惡的工作。

18.只吃晚餐的人

他擅長克制自己，如果達到了自己預定的目標，他一定會給自己一點小禮物做爲獎勵。在行爲方面，只要他相信對身體和心理都有正面的影響，便願意心中的喜悅、滿足感晚點到來。

19.好吃零食的人

食物是他的癖好、他的鎮靜劑、他的朋友、他的情人。吃東西可以平息他似乎永遠存在的焦慮，協助他放鬆心情，因此，他可以吃更多。食物是他的支柱和依靠。一想到沒事可做，他便急急忙忙走到冰箱前，雖然他的肚子經常是飽飽的，可是他從未滿足過，因爲他必須不斷地把他的不安全感吞進肚子裡。

20.患厭食症的人

在他的身體裡，有一股探索生命的巨大欲求，而他害怕，如果這股欲求眞的出現了，會毀了他。他所受的教育要他否認所有的感官經驗。他生命中的每一件事物都要盡量儉樸，他家的布置十分簡單，衣櫥很小，頭髮剪得很短。他吃的東西清淡，引不起食欲。他認爲吃東

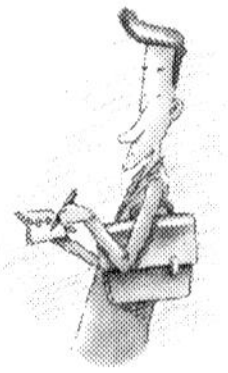

西不過是一項義務，一項討厭的工作。

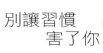

2 從烹飪的方法中看人的性格

「民以食爲天。」從某種意義上來說，人存在的最大目的就是爲了吃，因爲通過吃東西，攝取各種物質和營養，保證身體的健康，然後才有精力去做其他的事情。吃是一種文化，這其中的學問可謂大矣。

烹飪是一種藝術，更是一種享受。樂於自己動手準備一切的人，大多獨立意識比較強，從來不企圖依靠別人來達到自己的某種目的，同時他們對他人也缺乏足夠的信任感。他們很滿足於自己完成某件事情，並獲得成功以後的那種成就感。他們不自卑，即使是陷在困境中，也對自己充滿了自信，相信自己一定可以渡過難關。

在烹飪時經常採取剁、揉的方法的人多屬於實做型的人，他們很實際，總是能夠以非常積極和誠懇的態度，來面對生活中的各種問題。他們的生活節奏多是相當快的，有很多有意義的計畫正在不斷地實施。他們的生活態度相當積極，一件事情，只要決定去做，就會全身心地投入，盡量把它做好。他們有可貴的積極探索的精神。

喜歡按照有關烹飪的書籍做菜的人，習慣於被人領導，而不可能領導別人。他們總是過

分地追求各種細節，精確嚴謹，從來不會輕易放棄任何一件他們認爲重要的事情。他們對自己並沒有多少自信心，隨機應變能力比較差，遇到一些突發事件，常會驚慌失措，不知該怎樣辦才好。

只是憑著自己的感覺進行烹飪的人多比較善變，常憑著一時的衝動感情用事。他們不願意受到他人的約束和限制，喜歡自由自在隨心所欲地做自己想做的事情。他們很少向他人做出承諾，因爲他們非常瞭解自己，知道自己根本無法兌現。他們的心地還是善良的，並不想去傷害別人，可到最後還是會有許多人受到傷害，他們會爲此感到難過，但並不改變自己什麼，或許也是改不了。

喜歡打電話給美食專家的人多比較有寬容性，能夠虛心認眞地接納他人給自己提出的意見和建議，但只是接納並不是全盤的接受，他們是有自己獨特思維的，會充分考慮他人的意見和建議，但到最後，在此基礎之上，最後的決定還是自己下。

喜歡烤肉的人，待人熱情大方，樂於結交新的朋友，而且富有同情心，做事常不拘小節，馬馬虎虎，得過且過就好，因此常會製造一些不必要的麻煩，他們樂於向他人介紹自己，以增進瞭解。

喜歡跟著電視上的烹飪節目自己動手的人多自主意識強烈，不願意讓他人爲自己做決

定，他們喜歡把一切都變得簡單和方便，他們很容易獲得滿足，在各方面也不挑剔，但對於一些事情還是有追求完美的心理傾向的。在大多時候，他們活得比較快樂，善於開導自己。

在烹飪的時候愛使用一些小道具的人多有比較重的好奇心，一旦對某件東西感興趣，就會想辦法擁有它。他們在做事的時候多追求高效率。他們有較強烈的憂患意識，爲了以防萬一，常常會做很多的準備，但事實上，這些準備有很多是不合理的。

從來不自己烹飪的人，多缺乏冒險意識，爲了安全，他們會選擇妥協退讓。

3 從吃雞蛋的方式認識對方

雞蛋富含的營養成分是很豐富的，這是很多人喜歡它的原因之一。雞蛋除了能夠補充人體所需的各種物質養分外，還可以通過一個人喜歡吃什麼樣的雞蛋，來把握一個人的心理特徵。

1. **喜歡吃炒蛋的人，善交際**

他們也能與其他人很好地相處。他們不拘於小節，對人對事能持比較寬容的態度。他們不喜歡張揚，也不太希望引起他人更多的注意，但善惡是非多是分得比較清楚的，別人對他好一分，他會回報別人十分，可是如果別人對他惡一分，他可能也會回敬別人十分。

2. **喜歡吃硬蛋的人，善隱藏**

把蛋煮得過了火候，喜歡吃很硬的雞蛋的人，一般多把自己隱藏保護得很好，他人不會輕而易舉地就走近、瞭解他們。要想認識這一類型的人需要花費很大的力氣，慢慢來。這一類型的人，在外表上看起來給人的感覺很冷酷，其實走近他們以後就會發現，他們的內心也很堅硬，並不會隨便地就被什麼東西所感動。這類人見的世面很廣，或許是見得太多，遭遇

得也太多，所以才導致他們缺乏溫情吧。

3. 喜歡吃半熟雞蛋的人，易妥協

喜歡吃煮得半生不熟的蛋的人，在外表上看起來雖然很固執，但他們的內心脆弱，易向別人妥協。他們的性情是熱情而又溫柔的，一點小小的事情，可能也會讓他們感動不已。

4. 喜歡吃法式煎蛋捲的人，開朗

他們的外表也許很嚴肅很呆板，但內心卻與外表存在著很大的差距。他們總是能夠隱藏一些祕密，然後吸引別人來探個究竟。對於所謂的祕密，他們會不費什麼事就說出來，但在開始總是要故弄一下玄虛。

5. 喜歡吃單面煎蛋的人，積極

喜歡吃單面煎的雞蛋，這一類型人的性格多是樂觀的，充滿積極向上的精神，對未來有著無限的嚮往，並且抱著很大的信心，相信自己能夠開創出一番事業來。同時他們也會很努力地腳踏實地地去做一些事情。

6. 喜歡吃兩面煎蛋的人，謹慎

喜歡吃兩面煎的蛋，這也是一個積極樂觀的人，但是他們在爲人處世方面要相對地謹慎小心得多，不會不加分析和思考就莽撞地去做某件事情。正是由於這一點，他們避免了許多

麻煩和失望的產生，他們大多能夠有計劃地安排自己的生活。

7.喜歡吃煮荷包蛋的人，謙恭有禮

他們不招搖，行爲舉止也很恰當得體。但他們會經常被一些麻煩纏身，甩也甩不掉，不是他們製造麻煩，而是麻煩經常光顧他們。

8.喜歡吃蛋白牛奶酥的人，外強中乾

蛋白牛奶酥是把蛋白打散，然後烤成鬆脆口感，而蛋黃則放在一邊不用。這樣的人多有比較漂亮的外表，很能吸引他人的目光。但是通過接觸就會逐漸地發現，他們只是空長了一副皮囊，其實並沒有什麼內涵。

4 從喜愛吃的海鮮看人性情

吃有千百個品種，而選擇哪種最愛吃的食品，是根據其性格來區分的。科學實驗發現，食品中的屬性，總是有意無意地影響著一個人的性格。因此，從一個人的愛好吃的食品中，很容易看出一個人的本質。

1. **愛吃鹹魚卵的人**。這種人性格比較細膩，喜歡刺激冒險的生活，不滿足於平凡的事物，希望獲得周圍人賞識自己的能力的意識很強烈。討厭平凡是無可厚非的，但要做到不平凡，就得努力地去磨練自己，若做不到這點，就會變成很討人嫌了。對上司總是直率地表現出對抗意識。很適合做推銷員類工作，即能直接顯示個人能力的職業。如果是從事需與周圍取得協調的職業，恐怕就會與人紛爭不斷了。

2. **愛吃蝦的人**。這種人性格保守，有執著精神，執著型爲實現自己的欲求，犧牲一切也在所不惜的拼命三郎型。雖然有一定的能力，卻不擅於交際，人際關係也搞不好，因此，這種人很孤獨。

3. **愛吃魷魚的人**。這種人性格內向，不愛動，只是喜歡幻想，屬於行動和判斷都很平常

的類型。甚少採取冒險、大膽的行動，是消極的保守型，不過，這種人很重視人際關係，所以很受周圍人信賴，最適合做個平凡的上班族。

4.**愛吃鮑魚的人**。這種人性格活潑大方，喜歡冒險，但缺乏耐心，活力不足。雖有強烈追求刺激的心情，卻總是半途而廢無法獲得滿足，所以，常常處於焦躁的狀態中。對於工作的集中力不足，當然得不到上司的好評價。

5.**愛吃烏賊的人**。這種人虛榮心很強，愛面子，不聽從別人的勸說，現實型不注意外觀或表面，言行總是我行我素，想到什麼就去做。對金錢很關心，是極想出頭的人，在工作中爭強好勝，喜歡出風頭得到上司的賞識。

6.**愛吃海苔卷的人**。這種人性格保守，沒有朝氣，多愁善感，凡事都想得很多，有較強的自我保護意識，很會隱藏自己的本意，採取與周圍妥協的行動，所以，很難有向上爬的機會。因行動上總喜歡壓抑自己，所以，心中往往易積聚壓力，就算自己很有能力，仍會自我壓抑不敢表現出來，因此，在公司裡，很難有晉升的機會。

5 從喜歡吃的食物與口味看人

俗話說：蘿蔔、白菜，各有所愛。有的喜歡吃素，有的喜歡吃葷，一個人的個性與口味有著很密切的聯繫。

1. **喜歡吃白米的人**。一個人喜歡吃白米，這個人屬於自我陶醉、孤芳自賞的人。他們對人對事處理都比較得體，比較會通融。但是，這種人互助精神一般都比較差。

2. **喜歡吃麵食的人**。這種人性格外向，擅交際，能說會道，喜歡夸夸其談，往往不會考慮後果和顧及影響。這種人的意志不夠堅定，做事常常會半途而廢。

3. **喜歡吃油炸食品的人**。這種人常常具有一定的冒險精神，有理想，希望做一番事業，但是這種人有時愛犯冷熱病，一旦受到挫折就會灰心喪氣，一蹶不振。

4. **喜歡吃甜食的人**。這種人性格外向，熱情開朗，平易近人，但是平時有些軟弱或膽小，缺乏冒險精神，做事情很難有所突破。偶然也很任性，孩子氣十足。

5. **喜歡吃霜淇淋的人**。這種人性格溫和，對待任何事情都比較認真。

6. **喜歡吃零食的人**。這種人性格外向，往往是信口開河，嘴巴毫無遮攔，所以給人一種心直口快的印象。視野比較狹窄，不能參與激烈的競爭。但是有口無心，比較正直，值得信賴。

7. **喜歡吃蔬菜瓜果的人**。這樣的人是比較聰明的，處事也很圓滑，從不得罪任何人。

8. **喜歡吃鴨的人**。這種人有較強的選擇能力。他們的心思往往比較細膩。凡是經過他們精心挑選的東西，一般說來，常常都是很不錯的。這種人有時還是一個完美主義者，所以他們有時活得很累。

9. **喜歡口味重的人**。這種人的性格果斷，待人接物比較穩重，對人有禮貌，做事有計劃，喜歡埋頭苦幹，但是常常不太重視人與人之間的感情，有時還有點虛僞。

10. **喜歡吃酸的人**。這種人比較有事業心，但是個性孤僻，不善交際，遇事喜歡鑽牛角尖，很少有知心朋友。

11. **喜歡吃辣椒的人**。這種人善於思考，比較有主見，常常是吃軟不吃硬，有時愛挑剔別人身上的小毛病。

12. **喜歡吃瓜子的人**。這樣的人一般肚量比較大，心情比較寬鬆，屬於笑口常開一類的人。一個人能夠笑口常開，就會向人們顯示他們樂天安命，知足常樂。笑口常開就像大門上掛著一束橄欖枝，向與他們交往的人表示著和善與友好。

13. **喜歡喝咖啡的人**。喜歡喝咖啡的人往往很看重情調，但是他們的言辭卻常常咄咄逼人，好像只有自己才是英雄。蔑視常人，極端自信，自私自利。所以，他們也不被常人所理解。按理說，這樣的人有能力取得更大的成就，但是因爲他們的自命不凡，常常會失去競爭的機會。這種人一旦失意，常常會怨天尤人，感嘆「世態炎涼，人心叵測」。這種人最大的弱點就是一輩子只能生活在自己的圈子裡，無論面對什麼人，總是高高在上，不能低下頭來與人親近。即使是好朋友、好同事，乃至夫妻之間，他們這種傲視一切的神態，也不會有什麼大的改變。

6 從吃醬油看人

醫學上發現，醬油不宜多吃。但在日常生活中，人們的飲食仍然離不開它。實驗證明，從一個人吃醬油的習慣方式能看出其性格。

1. **喜歡淋醬油的人**。這種人性格急躁，辦事風風火火，直言快語心口如一，頭腦較清晰，聰明。不愛與人斤斤計較。

2. **喜歡法式調味汁的人**。這種人具有極佳的音樂感和美感。不論對哪種工作，都很有適應力，基本上來說，喜歡藝術的氣氛。

3. **選擇沙拉醬的人**。這類型的人，性格頑固不化，過於敏感，很任性，生活上常喜歡依賴他人，所以是個麻煩人物。孤單、脆弱的此種人，缺乏靠自己改變生活的積極性。因此，有很強的幼兒性，傾向於向年長的人撒嬌。

4. **選擇日式調味汁的人**。這種人性格外向，喜歡用醬油調成的日式調味汁的人，頭腦清晰，有著極佳的思考和獨創力。但缺乏決斷力，因此，生活形態傾向於不定的形式。

7 從吃玉米的方式看人性格

吃烤玉米真是一大樂趣。塗上醬油、烤得香噴噴的玉米，真是令人垂涎欲滴。吃玉米方法因人而異。有的人是大口大口地咬，有的人則是一粒一粒地吃，一般來說，一個人採用哪種吃法，可以顯示其性格。

1.**從上往下吃的人**。這種人性格獨特，愛占小便宜，不顧及自己的臉面，有一股「只要我不吃虧」就行的心理，不在乎別人如何談論，但心態很積極，愛耍小聰明。平時不注重外觀的類型。不太在意周圍人的眼光，自己想怎樣就怎樣。

2.**邊轉邊吃的人**。這種人屬於內向性格，心地善良，做事相當小心。不管做什麼事情都很小心翼翼，不太會提出自己的意見。常會在他人行動後，經過確認才開始行動，喜歡一成不變的生活方式。

3.**折成兩半再吃的人**。這種人性格外向、自信，但很在乎他人對自己行動的看法，很在意周圍人的視線。因此，不會隨意地將自己的欲望和欲求表現於外，是典型的內向型性格的人。

4. 用刀或叉子挑玉米粒吃的人。這種人性格內向，極其敏感，過分神經質，屬於裝模作樣的類型。喜歡打扮，喜歡高級品，很重視形象，一旦沒有打扮，就會顯得落落寡歡，若有所失。

8 從吃魚的方式看人性格

魚的吃法並沒有一定的規則可循。所以，要從哪裡開始吃，因人而異。而怎麼去吃，卻能反映出一個人的性格特質來。

1. **從頭開始吃的人**。這種人性格樂觀開朗，樂於助人，對生活充滿信心，富有開拓精神，不拘小節，是典型的樂天派的人。屬於想到什麼就直截了當說出的類型，對事物易熱也易冷。這類型的人很不肯服輸，極其頑固，討厭接受別人的命令。

2. **從尾巴開始吃的人**。這種人性格內向，辦事認真，心思比較細，很敏感，凡事都想得很多，虛榮心很強，是慎重小心型的人物。很在乎小節。很憧憬柏拉圖式的戀愛。不論男女都很重視打扮，在服裝方面捨得花錢。但是，出乎意料之外的是，此種人對他人的感覺很遲鈍，常沒發覺到被異性所愛戀，而自己又很容易陷入單相思之中。由於凡事都很慎重，所以，不會做出很失敗的事情。

3. **從魚肚開始吃的人**。這種人性格外向，辦事認真，不管做什麼事都很積極，具有運動員的精神。有陽剛之氣，卻又喜歡照顧他人，對任何人都是和藹可親的，很受周圍人的信

賴。但從另一方面來說，此種人因喜歡照顧人，所以不會拒絕他人的請求，因而常會把自己弄得分身乏術。如果是女人，比較會受到同性的歡迎。在行動方面，傾向於採取和男性對等的行動。

4.**從脊背開始吃的人**。這種人性格內向，愛慕虛榮，過分敏感，疑心很重，有點神經質，又非常愛撒嬌。多爲獨子或最小的孩子。平時比較喜歡獨自看書或看電視，不喜歡和一大堆人起哄吵鬧。有著一顆溫柔體貼之心，常會撿回流浪狗或貓。

5.**分成一半，從尾巴開始吃的人**。這種人性格溫和，心地善良，聰明智慧好學上進，對人眞誠，平時一副彬彬有禮的儀表，舉止小心愼重。能受到老師和父母的信賴。心中雖常想去做某些事情，但眞正機會來了，又沒有勇氣去做。但一些循規蹈矩之事都能努力地做到。在金錢方面，是屬於很會存錢的合理主義者。

6.**分成一半，從頭開始吃的人**。這種人性格剛烈，脾氣暴躁，愛慕虛榮，此種人一旦決定了某事，就會從頭做到尾。很擅長運動，在金錢方面，有吝嗇的傾向，很討厭借錢給人家。如果是女性，屬於做事乾淨俐落的類型，但在男性眼中，卻是個「很囉嗦、很討厭」的女性。

9 從就餐的取食順序看人

姑且不論餐桌禮儀，一個人的取食順序，乃是其內心裡的欲求和願望的象徵。不論是肉、麵包、酒等，在潛意識之中都會表現出您的欲望。在不顧及餐桌禮儀，依自己想吃的順序來選擇的情形下，可以看出一個人的性格。

1.先吃麵包的人。這種人有城府，欲望強烈，但頗有心計，不會直接地表現出自己的欲望，是會依一般常識來設想的人。多半是在嚴格的環境中成長，很有家庭觀念。

2.先吃肉的人。這種人脾氣急，行動乾脆俐落，不會遲疑的人。所想的都不會違背現實，是很積極、充滿活力的人，會直接地表達出心中所想的事。

3.先吃沙拉的人。這種人性格內向，很有心計，把自己掩蓋得很好，心中有很多未獲得滿足的欲望，但絕不在人前表露出來。不過，不管再如何不滿足，也不會直截了當地表現出其願望，是很慎重、很小心的人。而一旦時機來臨，就會以一種討人喜歡的方式來表達。

4.先喝酒的人。這種人性格外向，富於冒險精神，很討厭被限制在一定的框架內，追求的是變化、刺激和冒險。可是，一旦遇到困難，就會變得很歇斯底里。

10 從選擇餐館的方式看人性格

選擇在外面吃飯，是一個人日常生活中隨時可以遇到的事情，據心理學家調查發現，約有80％以上的人在外面選擇餐館就餐時，都是與他們的心理有關，從一個人選擇什麼樣的飯店吃飯，可以顯示其不同的性格來。

1. **選擇立刻可食的麵食店的人**。這種人性格內向，謹小慎微，過分膽怯向新領域挑戰的人，多是安全主義者，極爲保守。

2. **選擇漢堡店的人**。這種人性格外向，對自己很有信心，屬於安全主義者，在面對未知的領域時，會極力避免因陌生所帶來的不快感。

3. **選擇便當店的人**。這種人性格外向，很會享受生活，想要享受未知體驗的意識很強，是富有彈性的、極力想熟悉環境的人。想積極地與當地的氣氛融合。

4. **選擇有商業午餐的咖啡廳的人**。這種人性格外向，對生活抱有積極的態度。屬於樂觀主義者，對「自己」有著明確感，不論在任何環境中，都不會失去自己的步調，對新的領域，不但會採取積極的態度，而且會逐漸地使它成爲自己的一部分。

5. **選擇街頭小吃的人**。這種人性格外向，樂於和人交往，活得很實在，喜歡熱鬧，好奇心很強。

6. **到其他餐廳就餐的人**。這種人性格內向，任性，保守，屬於較時髦、見解較偏頗的人。這種人是受固定觀念拘束的人，例如：吃東西應在這兒，而喝酒時又應在那兒。

7. **在家庭式餐廳吃飯的人**。這種人性格外向，爭強好勝，對工作認眞負責。由於太忙，以至於不太能照顧到家庭。當然，這種人並不是不照顧家，而是太忙之故。

11 從就餐座位選擇觀察人個性

餐廳、咖啡館等，在這些地方，你喜歡坐在哪個位置呢？通過不同的位置，我們可以大致判斷每個人的個性。

1. 喜歡靠窗邊位置的人，平凡

偏好明亮位置，喜歡靠窗邊位置的人，其個性屬於普通平凡的一型。避開出入口及洗手間附近，盡可能遠離喧鬧嘈雜的客人，這類人的個性也不特別突出。而有些人在無意識中，自然會走向裝飾有美麗花朵附近的座位，這是比較一般的情形。

2. 喜歡中央位置的人，以自我為中心

刻意挑選房間正中央座位的人，似乎不多見。這種人是屬於自我表現欲強烈的類型，他們的話題總是以自我爲中心，對他人的事漠不關心，聊天時不斷強迫別人聽自己說話，而自己卻總是忽略他人的意見，不顧他人的感受。當店裡客人多了起來，而被要求並桌一起坐時，他們會很明顯地表露出厭惡、不滿的態度。或者，當他們點了奶茶，服務生卻不小心弄錯，端來檸檬紅茶時，他們會馬上提出強烈的抗議，絕不是隨和、好溝通的類型。喜歡坐在

入口處附近的人，屬於個性急躁的類型。他們對於周圍環境觀察入微，生活態度相當認眞，永遠閒不下來，喜歡到處走動，樂於照顧他人、替他人服務。

3. 喜歡面向牆壁的人，孤傲

偏好靠近牆壁附近的座位，而且喜歡面向著牆壁以背對著其他客人的人，顯示出他們不想和其他人有任何瓜葛的心態。背對著其他的客人顯得孤傲，熱衷埋頭於自己的世界，無視於外界的存在。

4. 喜歡背靠牆壁的人，普通

同樣選擇靠近牆壁的座位，但喜歡背對牆壁、面對店內客人而坐的人，應該算是很普通的類型！人們會將背部貼著牆壁，是一種十分尋常的心理反應。因爲背靠著牆壁，我們便不需要擔心背後是否會有敵人偷襲，而又可以眼觀六路、耳聽八方，注意周圍的動靜。對一般人來說，由於背部沒有長眼睛，很難注意到有什麼事情發生，因此將背靠著牆壁，是一種能令人安心的本能反應。

5. 喜歡角落位置的人，喜歡安定

盡可能地選擇角落位置的人，也是因爲這個位置能夠一眼就看清店內全景，對自己來說是最安全的位置。坐在這個位置，可以完全掌握出入的人物，既不會受他人注意又能仔細觀

察他人。大致而言，這種人追求一種安定、穩健的生活。由於他們習慣做一個旁觀者，基本上缺乏決策的能力，以及作爲一位領導者應有的積極態度。因此，與其要他做一位領導者，還不如請他當顧問來得更加適合。

12 從點菜方式觀察對方從眾心理

心理學上稱附和大眾的行爲爲「附和行爲」，而且每人都有附和大眾的傾向，只是程度高低不同，在心理學上這種心理被定義爲「從眾心理」。

「從眾」是一種比較普遍的社會心理和行爲現象。通俗的解釋就是「人云亦云」、「隨主流」；大家都這麼認爲，我也就這麼認爲；大家都這麼做，我也就跟著這麼做。曾有心理學家做過這樣的實驗：找出五名測驗者，讓他們共同看兩張圖，先看第一幅圖再看第二幅，然後回答哪張圖中的條線較長。實際上，實驗中只有一名眞正的測試者，其他的皆爲事先安排好的陪測者，陪測者在回答問題時故意把答案說錯，結果發現當陪測者回答完後，受測者也同樣回答錯誤，而當受測者單獨一人回答時卻可答對。通過這種實驗可測出受測者附和大眾的心理程度。

通過公司聚會或者朋友相約去飯店吃飯的點餐行爲，可以較清楚地瞭解一個人的從眾心理究竟如何。此種現象在三到四人的團體中最爲明顯。下面觀察幾個動作：

1. 立刻點菜

一般來講，無論是與公司同事，還是與朋友一起，立刻點菜的多是公司領導或朋友中較有權威的人物。他們的權威性在此時是一個最佳的表現機會，如果他們不點菜，可能沒有人會主動先點菜。而且，他們的帶頭作用不僅表現在點菜上，在工作與生活上遇到問題時，他們的領導能力也會彰顯出來。

2. 最後點菜

一般最後點菜的人，多爲擔心被同伴拋棄，缺乏自信的人。他們不敢先於別人點，而又不敢不點，於是到了最後，他們只能是附和著大眾，不得不點菜。這樣他才能保持在大眾團體中的一席之地。

3. 點異於同伴的食物者

往往這種人表現出的「從眾心理」就較少了，他們的附和性相比較而言也較低。這類人有自信、有主見，做事特立獨行，不易受他人影響。就算自己點的菜並不是自己所喜歡的，但爲了區別於他們，他們仍會故意爲之。

心理學家告誡說，最好不要相信附和性高的人，若落單時很可能被這種人拋棄。附和性低者屬唯我獨尊型，可安心交往，一旦有事可以依賴，但組成隊伍時，最好不予採取。自然，生活中我們要揚「從眾」的積極面，避「從眾」的消極面，努力培養和提高自己獨立思考和明辨是非的能力。遇事和看待問題，既要慎重考慮多數人的意見和做法，也要有自己的思考和分析，從而使判斷能夠正確，並以此來決定自己的行動。凡事都「從眾」或都「反從眾」都是要不得的。

13 從喝咖啡的方式考察人習性

喝咖啡是一種文化，現在已有越來越多的人加入其中。咖啡的種類有很多種，不同的咖啡品嘗起來會有不同的味道和感受，人們往往會根據自己的心情、愛好進行選擇，找出最適合自己的一種。

1. 喜歡即溶咖啡的人，缺乏耐性

喜歡喝普通即溶咖啡的人，總是力求不浪費自己一點時間，他們只要做事，就急切地想見到成果，盡管這成果並不是完美的，有時甚至會忽略其效率和品質。他們缺乏足夠的耐性，脾氣暴躁易怒。但與此同時，他們卻善於開導自己，以恢復精神，準備更好地去做其他的事情。

2. 喜歡冷凍咖啡的人，好奇

喜歡喝冷凍乾燥的咖啡的人，很重視自己在他人心目中的形象和地位，他人的評價可能會直接影響到自己的心情。他們對新鮮的事物有一定的好奇心理，喜歡一探究竟。他們時常對自己抱有很高的期望，並常在其中迷失自己。他們樂於模仿他人的一些行爲。

3. 喜歡電咖啡壺沖咖啡的人，憂患

喜歡使用電咖啡壺沖咖啡的人多有較強的憂患意識，喜歡在事情沒有發生之前，做一些準備工作，以防萬一。在爲人處世各個方面他們都顯得相當謹慎，但對於比較熟悉的人則非常熱情和大方。他們富有同情心，會主動地幫助他排憂解難。

4. 喜歡酒精燈煮咖啡的人，懷舊

喜歡使用酒精燈煮咖啡的人多有些懷舊的浪漫主義情調，時常會營造出一種相當樸素，而又和諧的古香古色的氣氛。他們有比較傳統的價值觀念，行爲也比較保守，這使得他們有許多大膽新奇的想法都無法付諸實踐，成爲現實。

5. 喜歡新奇的混合式咖啡的人，與衆不同

喜歡喝新奇的混合式咖啡的人，希望把自己塑造成一個完全與衆不同的人物，並且不惜爲此花費巨大的時間和精力。他們不滿足於自己是一個普普通通平平凡凡的人物，他們希望有屬於自己的獨特的觀點，和行爲方式去吸引他人。

6. 喜歡磨咖啡豆的人，自信

喜歡自己磨咖啡豆的人，多是具有十分鮮明而又獨立的個性，對自己充滿自信，總是認爲沒有人能夠和自己相比，這一點會讓他人感覺很吃驚，甚至是極不舒服，但卻會記住他

們。他們做事有章有序，會盡量達到完美的程度。他們很勤勞。

7. 喜歡濾式咖啡的人，有品味

喜歡喝過濾式咖啡，是一種最單調最浪費時間的煮咖啡方式，習慣於這一種方式的人多有比較高的生活品味，爲了使自己的付出有更多、更好的回報，他們往往會延後滿足感的到來。他們是完美主義的追求者，對於一切既然想擁有，就一定要是最好的。

14 從喝酒的喜好看男人品味

在社交場合，以酒爲應酬的方式最爲常見。通常由飲酒可以瞭解對方的性格，或做爲掌握理解對方心理的參考。

雖然酒的品種和心理的關係尚無充分的調查或研究，卻可以做以下的概要分析。

1. 喜歡威士忌者，適應性強

喜歡威士忌者能充分採納旁人的意見，適應性強，出人頭地的願望非常強，只要有機會，即渴望從中賺大錢或期待上司的認可。其對待女性非常重視禮儀並表現親切，會明確地表達自己的心意。不過，飲用法有以下的不同。

喜歡喝稀釋的威士忌的人，渴望能充分把自己的觀念傳達給對方，適應力非常強。

喜歡加冰塊喝的人，無法確切地用詞語或表情傳達自己的心意。仔細觀察周圍的情況，易被他人意見所左右。但是，在公司裡通常是平步青雲，平常會掩飾自己的感情。

喜歡喝純威士忌的人，具男性氣概、冒險心強，討厭受形式束縛，對強權勢力帶有叛逆性。富有創造力、獨創性又具正義感。外表上對女性表示冷淡的態度，內心卻是溫柔的。

2.喜歡中國白酒者，樂善好施

有些人偏愛烈性白酒，如果餐桌上沒有白酒則索然無味，喜愛白酒者，一般富社交性而樂善好施。也有好好先生的一面，極在意對方的感受，易受吹捧，受人所託無法拒絕。對女性尤其親切，即使失敗也不在意。在公司或職場中由於關照部屬，深受部屬們的愛戴，卻很難獲得上司的認可。在混亂的局面中會發揮卓越的能力。這種男性多半爲了認同自己，而願爲對自己的能力有極大期待的人奉獻心力。雖然失敗多卻也有大成就。

3.喜歡洋酒者，極具個性

最近年輕男子中的洋酒派日益增多。商店到處都有洋酒的陳列。用餐必定有洋酒，或約會中必喝洋酒的男性極具個性。

這類男性多數追求豪華的生活，喜愛從事輝煌的工作，在服飾等方面也較挑剔。他們中有許多人有國外生活經驗，也有些人則是崇尚新潮。

4.喜歡雞尾酒者，值得信賴

喜好帶點甜味的雞尾酒者很少有豪飲型。與其說是喝雞尾酒，毋寧說是享受那種氣氛，或渴望與女性對談。如果喜好辣味而非調味的雞尾酒（如馬丁尼酒），是具有男性氣概的表現，在工作上能充分發揮自己的個性與才能，值得信賴。同時具有責任感，舉止行爲有分

寸。

喝甘甜的雞尾酒是不太喜愛酒精的男性，或渴望邀約女性享受飲酒的氣氛，或期待借酒精緩和對方的情緒。

如果向女性勸喝酒精度高或較爲特殊的雞尾酒，乃是暗自期待利用酒精，使女性無法做冷靜的判斷。跳舞前勸女方飲雞尾酒的男性，通常希望和該女性有更深一層的交往。

5. 喜歡啤酒者，較安全

根據美國社會調查研究所的調查，喝啤酒是表現輕鬆愉快的心情，渴望從苦悶的環境中獲得解放。

約會時喝啤酒的男性，通常想要表現最原始、最自然的自己。如果向同行的女性勸喝啤酒，是渴望對方和自己有同樣的心情，或內心期待愉快的交談。既不矯揉造作也不愛慕虛榮，可稱爲安全型。

如果喝特別指定品牌的啤酒，這種男性可要警戒。有些人會選擇和其公司系統相關的啤酒，而有些人也會在啤酒的品牌上表現個人的特性。事實上各品牌的啤酒味道相差無幾，特別指定品牌只是心理的作用。

選購外國啤酒的人和洋酒派類似。特別喜好德國啤酒的男性，只是想向女性標榜自己異

於一般男性。喜好黑啤酒的男性，通常對強壯的體魄嚮往不已。

15 從酒類的選擇上看人

迷戀杯中物之人，有些並非純粹是為了麻醉而買醉，他們有的還有其原則，有所喝有所不喝，絕非是來者不拒。這種對酒的態度，有所講究和堅持的現象，道出了喝酒文化的人性問題。

一個人喜歡什麼樣的酒類，是與其性格有著密不可分的關係的。心理學家發現，從一個人所選擇的酒類可以觀其性格特徵。

1. 選擇白葡萄酒的人

這種人性格外向，感情熾烈，富於幻想，強烈追求夢想和理想。不過，需注意的是，不要過分強求，免得白忙一場。

2. 選擇紅葡萄酒的人

這種人性格外向，舉止沉著、冷靜，踏實肯幹，具有從容不迫的性格，不輕易嘗試冒險性的活動，做起事來格外謹慎小心。幹勁十足。想到就做的此種人較不浪漫，乃是現實第一主義者。凡事都較顧及眼前。對金錢的執著心很強。

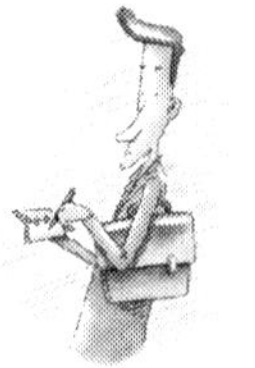

3.選擇紅葡萄酒的人

這種人性格內向，感情細膩，多愁善感，優柔寡斷，心地善良，喜歡戀舊。

4.選擇香檳的人

這種人屬於不滿足於平凡事物的類型，總是追求豪華、高貴的事物。但也因此常過分勉強地去做某事，而落於失敗。對異性的要求也很高，所以，終身不婚的可能性很大。

5.選擇啤酒的人

這種人頗具社交性，與任何人都談得來，是服務精神旺盛的人。很喜歡去取悅他人，易獲得他人的好感。

平常也許讓人覺得有點冷漠，可是一旦有事，就會顯示出體貼之心，因此，頗讓對方感激。在金錢方面也是蠻樂天的，不會很在乎。

6.選擇燒酒的人

這種人性格外向，開朗善交際，喜歡結交朋友，社交廣闊，待人和藹，很有順應力，只要是看得順眼的人，就會打開心扉與之交往，即使涉及個人隱私也毫無保留地告訴對方。不論是工作或遊樂，都很積極地參與，很有「青春活力」，在工作場合上，是個很好的「合作者」，頗受信賴。以自己的生活方式爲一切價值判斷的基準，且期望對方也採取這樣的生活方式，勉強可說是此種人的缺點吧。

7.不喝酒的人

這種人性格內向，個性保守，溫和含蓄，善於照顧他人，給人溫暖安全的感覺，但不擅於表達自己內心的感受。比較敏感，感情脆弱，有潔癖，總頑固地把自己關在殼內，不願聽從他人的意見，也不輕易地表露出自己的眞意。

16 從握杯的方式看性格差異

有關專家測驗發現，從一個人握杯子的習慣可以看出各種不同的行爲方式，並從中強烈地反映出一個人的性格。

1.**手持玻璃杯上方的人**。這種人是不拘小節、樂天而大方的人。嗓門很大，喜歡邊喝酒邊談天。現在正處於舒暢的狀態中。

2.**手持玻璃杯中央的人**。這種人能很快地適應不同的環境，屬於安全型人物，待人親切。不會拒絕他人的請求，是個好好先生。有時心裡雖不樂意，表面上仍會和顏悅色。

3.**手持玻璃杯下方的人**。這種人性格較內向，心思細密，很在意小節。由於頗介意他人的想法，因而顯得有點內向。特別是，小指伸向外側的人相當神經質。一般說來情緒善變，一旦不高興，馬上就會表現在臉上和動作上。此種人對自己過分自信。

4.**兩手持杯的人**。這種人性格內向，害羞，很少與人交往，孤僻，不善言辭，多爲寂寞孤獨的人。雖然也想與人快樂地交談、打鬧成一片，但總是難以辦到。然而此種人「親和的欲求」是很強的，有著強烈的與人接觸的願望，對異性的關心度也很強。

5. **喝酒時會搖杯子的人**。這種人性格外向，活潑大方，樂於接受各種新鮮事物，喜歡動，不喜歡安靜。有多方面的興趣，容易見異思遷，不喜歡在一家店、一張椅子上從頭喝到結束。

6. **一面拿杯子一面抽菸的人**。這種人很有個性，自尊心強，極富於創新精神，對自己充滿信心，在富有個性化的工作上，可施展自己的實力。可是，在人際關係上卻是很不順利的，可說是獨來獨往型的人。

7. **緊握住杯耳的人**。這種人自我主張稍強，個性過於張揚，凡事愛趕在別人面前，喜歡引人注目，是個我行我素的人。

8. **小指揚起的人**。這種人性格內向，感情脆弱，有點神經質，是個拘泥小節，對周圍人吝嗇的人。

9. **握杯時感覺像在抓某東西的人**。這種人性格外向，思維敏捷，爲人坦誠，愛助人爲樂，非常活潑大方，能說會道，是個八面玲瓏的人。但有時不免流於「輕浮」。

10. **用小指、拇指或者是用兩者來支撐杯子的人**。這種人是具有藝術家氣質的幻想家。然而常因不理會周圍的意見而頻頻吃虧。

17 從酒後出現的反常舉動看人

交際場合，喝酒是不可避免的，有些男人一喝酒即判若兩人，有些人則依然故我。常見的是話多、吵鬧。仔細觀察醉酒百態是非常有趣的事。一個人若能事先掌握住自己的酒癖，就可以更加理解自己是個什麼樣的人。爲讓他人理解自己，也有必要事先掌握自己的酒癖。

1. 喝了酒老是喜歡喋喋不休、「吃吃」地傻笑的人

這種人性格內向，平時沉默寡言、彬彬有禮，一旦喝了酒就喋喋不休，不時露出眞感情的話，這種人平時的人際關係一定是處於緊張的狀態中。

這種類型的人，一絲不苟，很有韌性，重視秩序，對於長輩必是採取畢恭畢敬的態度。對於女性也是很認眞的，絕不會開玩笑，總之，是個「正經八百」的人。基本上，此種人的精神壓力較多，所以，會借酒來發洩其精神壓力。

但是，反過來說，這種人若不是借酒來發洩的話，壓力就會積蓄在身體內。因此，當知道喝了酒就有喋喋不休的毛病時，就盡量地不要一個勁地工作，需培養些輕鬆的興趣，平時要讓自己過得開心點。

2. 猛敲猛打，到處活動，動作很大的人

這種人性格剛烈，反抗心很強，有強烈的欲求不滿或強烈的自卑感。此種人不喜歡配合他人來行動，若硬要他們配合他人來行動，就會出現挫折感，而他們就會借酒來發洩此種挫折感，例如：摔杯子、摔椅子等。他常會做出讓周圍人吃驚的事，需特別注意。

3. 沉默不言的人

這種人性格外向，平時很活潑，很具行動力，是受大家信賴的人物，一旦喝了酒，反會很安靜、很沉默的話，表示其強烈地想排除自己的判斷，才會有這樣的行動。在其心底深處，有著「現在我覺得一切還算順利，但如果我就長此下去的話，難道就不會出問題？以後的情況我也許無法把握得住」的不安，而其心中的迷惘就會借酒發洩出來。

4. 醉了就會哭的人

這種人性格內向，感情熾烈，待人接物放不開，常常壓抑自己。既是個熱情家也是個浪漫主義者。具有強烈的自我，過分壓抑自己強烈的感情。

5. 喝了酒愛觸摸異性身體的人

這種人比較有城府、有心計，愛想入非非，見異思遷，愛發牢騷，此種人因不滿於無法以「心」和異性接觸，遂用「物理性的接觸」來填補其空虛。當對性事感到衰弱，或自己的

欲望無法適當地發洩，或在金錢方面、工作方面不順自己的意時，即心中有不平、不滿時，多會做出此種舉動。

6. 喝了酒愛唱歌的人

這種人性格開朗活潑，自信，很有活力，極富冒險精神，隨和。既有社交性又喜歡照顧人，是把工作和私生活劃分得很清楚的人。此種人很有發展前途，很值得信賴且不懼失敗。是會把自己的技術和個性發揮在工作上的人。但如果是屬於在KTV裡拿到麥克風就不交給他人的類型的話，就另當別論了，這種人多是有著精神壓力的「任性中年人」。

7. 喝了酒喜歡跟人吵架的人

這種人性格外向，剛直，嫉惡如仇，有情有義，愛打抱不平，樂於交各種朋友，喜歡幫助弱者。可以說是個具有強韌行動力的熱血漢子型人物。

8. 喝了酒呼呼大睡的人

這種人性格內向、意志薄弱，心思比較縝密，優柔寡斷，待人接物很放不開，依賴性強，沒有創新的激情。可能是因爲白天把太多精力花在注意周圍的緣故吧。

9. 喝酒時老勸他人的人

這種人性格外向，善於交際，虛榮心強，希望對方和自己是相等的，屬於保守且防衛本

能強的類型。若是熱心地勸異性（尤其是女性）喝酒，則是對異性有強烈的憧憬和具有支配欲的人。不會把自己的想法強迫給他人，而會尊重對方的立場，是思想很具彈性、很體貼的人。

10.喝酒時不斷喊「乾杯」的人

這種人性情冷漠，頗有心計，十分注意自身的儀錶。聽他說話好像很懂事，其實卻很固執，看起來很和藹可親，其實性格很冷淡的人物多有此種酒癖。

11.喝得再多也跟平時一樣的人

這種人性格內向，很有城府，謹慎認眞，不太愛暴露出自己的缺點，因而有比他人強一倍的警戒心。總之，可以確定的是，此種人皆具有「小心翼翼」的性格。

12.喝到可能醉酒時就不喝了的人

這種人性格隨和，心地善良，待人眞誠，爲人處事極有分寸，很會處理各種人際關係。他們喝酒絕不是爲了一解口癮，而是借著喝酒營造很愉快的氣氛，這種類型的人富於協調心，在團體中最擅長贏得眾人的協助。

13.有特殊酒癖的人

這種人性格具有雙重性，有時過於內向，有時又過於外向，有著很獨特的性格。

18 喝醉酒猛打電話的人，渴望關懷

生活中，細心的人會發現一個喝醉酒的人，常會在不適合打電話的時間打電話，這是什麼原因呢？

酒醉的人，常自以爲想起了一件重要的事情，而打電話給別人，但是接電話的人，卻常常會被他所謂的理由，弄得啼笑皆非，尤其是半夜三更接到電話，更是氣得人咬牙切齒。

喝醉酒的人，心態上已脫離現實，和接話人的想法有很大的差別，兩人當然話不投機。如果有人認爲，對方既然已經喝醉了，只要隨便說些應付他的話敷衍過去就算了（這通常是一般人的處理方式），但是，如果你對好友或酒後胡言亂語的人採取寬大容忍的態度，照顧他或寬慰他，那麼你實在是太傻了。

一般人多半是生活在多樣化的組織或群體中，所以無法完全脫離群體，一切行爲仍處於受限的狀態。但喝醉酒的人，和組織或群體的價值觀或生活方式完全脫離，對付這種人，最好的態度就是敬而遠之。

借酒麻醉自己的人，爲使自己身心獲得解脫，擺脫群體的束縛，所以會出現深夜打電話來搏取別人注意的行爲。在這種情形下，他們只是爲了解除平常內心的不滿，或者藉機發洩平常和上司、同事間的不愉快。而他們的無禮舉動，多半都是以較親密的友人爲對象。

由於日積月累的心理緊張，當他們脫離群體時，就會想辦法釋放。而這種感覺，平常是被壓抑的，所以藉著酒醉，就可掙脫束縛。但爲了消除孤獨感和依賴心，需要別人給予關懷和注意，於是只好打電話給他的朋友，這就是其行爲的心理依據。

由於喝醉酒打電話，是一種「非常識的行爲」，因爲他們已經不具備人與人交往應有的常識。例如深夜一、兩點時，毫不顧慮別人的作息時間打電話給人，而對方聽到的只是醉漢的喊叫聲，或夾雜著喧嚷音樂聲。「我現在正在喝酒，你給我馬上過來，我會一直等到你來陪我爲止。」

當你接到這種電話時，即使置之不理將其掛斷，對方還是會再打來，並且說：「你眞是太不夠意思了，對朋友一點都不關心！」等，說一些令人厭惡的話，如果再加上電話中夾雜著吵鬧、酒醉的雜亂聲，更會讓人情緒惡劣。

仔細探討這些人的舉動，就可知道在喝醉酒時打電話的人，完全是因爲孤獨，需要他人的關懷。我們常可在夜晚的街道上，看到一些醉漢漫無目的地閒晃，有時也可以看到他們無緣無故地騷擾行人，這些行爲，無非是想訴說自己的孤獨而已。

總之，這些人的心理，是希望能和更多的人交往、溝通，藉以除去心中的不滿。

19 從拿菸的習慣觀察人

1. 標槍式拿法

這種拿法是把香菸拿在拇指和食指的尖端，其他手指縮向掌心，彷彿抽菸的人正要擲標槍。假使以這種方式拿菸，私底下，他可能想燒死正在和他講話的人，或任何一個來找他的人。這種拿菸法蘊藏了一股沸騰的怒氣，而且隨時都可能爆發出來。

2. O型拿法

這種拿菸法比標槍式拿法優雅，或許也比較女性化。但基本上，內在蘊藏的情感是同樣的。用大拇指和食指的指尖拿著香菸，兩根手指形成一個圓圈，其他手指優雅地伸展開。外表看來，他正擺出一副誘人、無攻擊性的姿勢。但內心巧妙地設下一個滿懷敵意的陷阱，並且希望有人掉下去。

3. 反著拿

用食指和中指拿煙，不過方向反了過來，如此一來，煙頭與手掌平行。這模樣彷彿他正要把菸給對方，而他也的確願意把自己的菸給對方，但他希望給的不只這些。這樣的拿法不

過表示他在大膽地暗示對方。總而言之，他願意先採取行動，跨出第一步，讓別人瞭解他。

4.燒到手掌心式拿法

菸還是反過來夾在食指和中指間，不過拿得比較低，菸頭幾乎碰到掌心。這種拿菸法透露出一股強烈自我毀滅的傾向。他不可能把這種傾向表現出來，因爲他隱藏憤怒的方式，就和他藏煙頭的方式一樣。在他生命的這一刻，他寧可自焚，也不願被別人活活燒死。

5.握拳式拿法

他緊握的拳頭死命抓著夾在食指和中指底部的那根菸，他會把這根菸抽到剩下菸蒂。即使不餓，他也會硬將食物塞到肚子裡，以免別人從他的盤中偷走剩下的食物。

6.捂嘴式拿法

這模樣看起來很像握拳式拿法，不過這種拿法的手是張開的，給人的感覺是：每抽一口菸，就用手捂住嘴巴。整體而言，這樣的姿勢彷彿告訴別人：我每開口說一個字，必定先自我反思。事實也的確如此：他的每一個想法必定是經過深思熟慮後才說出口的，別人想責罵他還眞難。

7.使用菸嘴

其實非常需要有人在身邊。然而，很少有人發現他何以有這種不合邏輯的想法，因爲他

把自己包裝得漂漂亮亮，沒人能夠猜透他的心。

20 從抽菸的方式看人

雖然抽菸有害健康，但許多人依舊我行我素。抽菸是一種冒險，一個人如何冒險？又爲什麼要冒險？不同的人對香菸持有不同看法，我們可以從他們對香菸的態度上識別對方。

1. **喜歡抽低焦油量菸者，意志不堅定**

喜歡低焦油含量香菸的人，大多都是懂得吸菸的害處，想把菸戒掉，但又控制不住自己，所以選擇低焦油含量。這一類型人缺乏必要的果斷力，凡事不能雷厲風行地做出決定，總是想著要幾者兼顧，不肯也不輕易地放棄什麼，大多打算採用居中的辦法，使事情得以解決。這種人的意志和信念並不堅定，在遇到挫折和磨難的時候，總能爲自己找到許多理由和藉口，尋找到一條退路。

2. **喜歡抽無過濾嘴菸者，誠實**

喜歡無過濾嘴香菸的人多誠實可信，爲人處世比較腳踏實地，人格魅力很突出。他們是很現實的人，不會把時間和精力花費在一些沒有意義的事情上面。但對於某件事不盡如人意的結果，他們也會感到深深的懊惱。

3. 喜歡捲菸抽者，固執

喜歡自己捲菸抽的人，一種是經濟落後的原因所致，另一種是熱衷於自己捲菸抽，這樣的人多有耐性，但很固執，並不會輕易地接受他人的建議和忠告。

4. 喜歡用菸嘴抽菸的人，沒自信

喜歡用菸嘴抽菸的人有非常強烈的表現欲望和虛榮心，這種人缺乏一定的安全感，所以要與他人保持一定的距離才會覺得比較自在。這樣的人也沒有十足的自信心，他們在很多時候會故意營造出一種假象，使自己看起來成熟老練一些，以混淆視聽。

5. 在電梯裡抽菸者，自私

喜歡在電梯裡抽菸是一種展現權力和控制欲的方法。如果一個人需要用這種方式獲得自我滿足的話，表明他是一個私心相對比較重的人，為自己考慮的多，而基本上不為他人著想。他們習慣於以一種藐視的態度來確定自己的地位。這樣會讓他人感覺到很不舒服，所以這一類型的人並不容易營造出良好的人際關係。

6. 喜歡抽外國菸者，虛榮

沒有在國外生活的歷史，卻對外國菸情有獨鍾，而且養成了抽外國菸的習慣，對這種類型的人最好的解釋就是，這個人表現欲望和虛榮心比較強，愛出風頭以吸引別人的目光。他

們會在各個方面不斷地嚴格要求自己，以達到無懈可擊的完善、完美程度。

7. 把菸深深吸進肺裡的人，占有欲強

喜歡讓一種經驗長久持續下去，企圖榨乾生命中的一點一滴。他總是大口含著菸，盡情地深深一吸。他討厭原有的一切離開自己，討厭眼看著事情結束。不幸的是，這種事情在他自己身上經常發生。

8. 做愛後抽菸的人，複雜

抽菸可以打斷瞬間的情緒，也可以隱藏不自在的情感。在做愛之後，以抽菸來放鬆心情，表示性行爲帶給自己緊張的情緒。也許自己不願伴侶知道自己的某種想法或感覺，也可能他壓抑了自己某種想法或感覺。在這時候抽菸，可以掩飾其他可能被性行爲所喚醒的更深層需求。長時間的親密令他害怕，然而，一旦這樣的關係眞的發生了，他可能覺得自己必須讓這樣的關係持續下去。

21 喜歡請客的人，自我滿足欲望強

每個人都希望自己擁有請客的經濟能力，因爲只要自己有錢請客，就可以不必擔心自己不如人。有一種人特別愛請客，歸根究底他們是想獲得一種滿足感。這種滿足感可能是一種優越感，可能是爲了表示謝意，可能是有事相求，也可能純粹是爲了增進彼此的感情。藉著種種理由請客，使自己獲得滿足感。甚至有時根本沒有請客的理由，明明可以大家分攤，但有人就是喜歡付錢時拼命制止別人，而自掏腰包。這時若你堅持拒絕，對方還會露出不高興的神情，並責備說：「你眞是太見外了，我們都是自己人啊！」從對方的表情看來，他們眞的不是裝模作樣，簡直是沉醉於請客所帶給他的滿足感。

反觀被請的一方。別人請客，自己不必付錢，固然也有好處，但是讓對方出錢，很容易形成自卑感，反而不能痛快地享受。

還有另一種被請人的心理，認爲別人請客讓自己快活是理所當然的，這種人大多都是不願自掏腰包的吝嗇鬼。

至於喜歡請客的人，雖然他們的立場是把東西送給對方，但其心態和接受自己好意的對方是一樣的，這與過度保護孩子的母親的心理非常類似。

有的母親常會像奴隸般的替孩子做事，這樣的過度保護，表面看雖然辛苦，但其實母親是利用這種行爲來保護自己。因爲母親們自己以前也有同樣受人呵護的經驗，現在仍然在追求那種心理狀態。因此當了母親後，就把孩子當做自己欲望衝動的對象。事實上，母親只是以過度保護孩子的方式來滿足自己的欲望。根據這點，我們可瞭解，這樣的母親看似疼愛孩子，其實更愛自己，因爲唯有如此才能使她神采奕奕。

同樣的，喜歡請客的人，表面上看來雖然古道熱腸，但其實只是以這種形式來滿足自己。所以喜歡請客的人，和喜歡被人請客的人湊在一起，彼此就各得其所，分別得到滿足。

所以當我們看到那些即使沒有多少錢，卻總想辦法請客的人，應瞭解他們的心態，只要他們不是另有所求，大可接受他們的好意。

22 貪吃貪喝的人害怕孤單

一位很年輕的女孩去看病，說最近三個月，她的體重增加了十五公斤，而發胖的主要原因是吃得太多。

這位女孩，畢業於外地一所專科學校，三個月之前來到本地。她以前從未離開過父母單獨生活，但因爲畢業工作，不得不離開父母。對將來抱著很大希望的她，便搬來本地，過著枯燥無味的孤單生活。當她從公司回到自己的宿舍時，沒有人迎接她，只有冷清、黑暗的空屋子，晚餐也得自己動手準備，這就是她每天的生活。

孤獨的生活是她難以忍受的，因此當她獨自在鴉雀無聲的屋子時，會湧起吃的衝動，所以就開始亂吃東西，因爲只有多吃，心理才能獲得平靜。這次衝動剛平靜，下次的衝動又會襲來，於是隨著自己的衝動不斷地吃，到最後一天三餐根本吃不飽，得一天吃六、七餐，由此養成習慣後，她更是每天不停地吃。

不久後，除了每天吃以外，冰箱裡還必須經常塞滿食物，否則她就會感到不安。而且這種離不開食物的習慣，也帶到了公司，辦公室的抽屜裡也經常塞滿餅乾、麵包，只要一有衝

動，也顧不得是否在上班，馬上偷偷拿出零食來吃。難怪三個月內會胖十五公斤。

造成其行爲的原因，源於她離開了父母，當心裡感覺孤寂時，沒有別的排遣方式，只有吃東西才能安撫自己。除了食物外，當人在失意、孤單時，也有所謂「借酒澆愁」的類似衝動。

這類人，除了吃得很多外，也很愛說話。因爲說話可以滿足他們的口欲，所以，我們常可看到有的女孩子一邊談話，一邊不停地吃東西，她們雖然外表看起來是個成熟的大人，但心理狀態仍停留在愛撒嬌、未成熟的小孩子階段。

出人意料的是，貪吃和愛喝酒的人，都很怕孤單，只要我們抱著一顆同情的心，就可以與他們建立友誼。

23 喜歡買罐裝食品的人防範意識重

我們經常可以發現，當火車即將開動時，有些乘客會買一大堆罐裝啤酒、果汁或盒飯入站。他們對自己的這種行爲，當然有充分理由，諸如：「比在車上買便宜」或「如果在途中口渴就可以解渴」。事實上，這些人的購買行爲，潛藏著很多內在複雜的心理問題，大致可將之分爲三類。

第一種是曾有過缺糧恐慌經歷的人。由於以前每天都擔心第二天沒有飯吃，所以爲了解除斷糧的恐慌感，寧可多買一些食物放在身邊，以防萬一。

這種人出外旅行，由於深植於心中的經驗教訓，會引發他們的購買衝動。

第二種是離開家出外旅行的人。對這些人而言，「家」是一個可供居住的舒適場所，更是一個長久依賴直至老死的地方。

在火車站購買大量速食品的人，原本已過慣了家中自在的生活，一旦離開家，就等於離開了母親的乳房而缺乏安全感，因此就會購買大量的速食品。有人說：「旅行時我的食欲特別好。」從這些話裡，即可發現這種衝動所帶來的影響。

第三種是參加團體旅遊或全家出外旅行時，購買大量食物的行爲。如前所說，當我們出外遊玩時，就等於離開了現實的嚴肅生活，讓自己的心靈得到暫時、公開的鬆懈。如果我們回溯到一個人心理發展的源頭，那麼誠如第二點所說，愈是快樂的旅行，就愈易滿足「口」的欲望。

有的人因公務出差而不太有食欲，主要是因爲旅途中還有一些現實的事尚未處理，所以才會沒有多餘的時間放鬆心情。

根據興趣愛好識別對方

PART 3

涉及到興趣愛好的時候，
常常是一個人個性最明顯、防禦最鬆懈的時候。
所以，識別一個人最好的方式就是從他的興趣愛好入手，
這樣不僅能夠近距離看清他的廬山真面目，
而且容易找到針對性解決問題的方法。

1 從喜歡的放鬆方式上判斷對方

生存壓力和生活壓力像兩座大山一樣壓在人的背上，使人很容易就會疲勞、心煩意亂，嚴重的還可能導致產生心理疾病，以致精神崩潰。

壓力的存在，是個人能力無法改變的，但爲了保持身體和心理的健康，更有力地加入競爭中，可以進行自我調節，找到一種放鬆的方式。用什麼樣的方法放鬆要根據自己的實際情況和需要來決定，這也可以看出一個人的個性。

以形態心理療法來放鬆自己的人，多是完美主義者，他們凡事總要盡力追求完整，形成一個整體形象，否則的話，就會感到不安。他們自身從整體來看，也是不錯的，但卻並不能如他們自己所預料的那樣，被他人注意。

喜歡用運動的方式來放鬆自己的人，多比較內向，缺少朋友，也不輕易向他人傾訴自己的心事，尤其是比較熟悉的人，不過陌生人倒還是可以考慮一下。他們意志堅強，在挫折和困難面前，雖然有時也會表現得失望和頹廢，但卻是暫時的，他們多還能夠勇敢地站起來，去面對一切。他們是做的比說的要多的人。

採用自然療法放鬆自己的人，很得周圍人的喜歡。他們待人真誠、樸實，說話直截了當，有什麼說什麼，憑著自己的感覺走，不會遮遮掩掩。但這是在工作之外，他們厭惡工作，所以很難以單純、自然、放鬆的心情投入到工作中。在工作中，他們什麼事也沒有，就會突然間感到特別煩躁。

採用睡覺放鬆自己的人，多是很聰明而且實際的，他們無論在什麼時候都知道自己的目標，並且會努力尋找一種最簡單、最快捷的方法去實現它。他們有一些固執，並不會輕易地接受他人的意見和建議，但如果請一位權威性的人物對其進行說服，也許會產生一定的作用。他們對一些原則和理論上的東西並不十分看重，而是著眼於非常具體的，看得見、摸得著的實例。

採用行爲治療法放鬆自己的人有很多並沒有什麼主張，他們很容易向他人妥協，聽從他人的安排和調度，他們是樂於被他人領導的一群人。不願意自己動腦筋思考，而是喜歡他人把一切都安排得好好的，自己只要照著去做就可以了。他們對自己的要求比較嚴格，會盡力把每一件事情做好。

不接受任何治療方法，只是任之順其自然的人，多有較強的獨立自主觀念，無論發生什麼事情，在絕大多數時候，他們並不企圖依靠外界的力量來解決，而只是寄希望於自己，並

且也對自己充滿了信心。他們並不相信誰，尤其是那些被絕大多數人視若神明的，更有點不屑一顧。他們自給自足，很容易滿足，而且不希望現狀被改變。

2 從所選的禮品中看人的性格

送禮不管是出於對某人表示自己發自內心的眞摯的祝福，還是出於一種人際交往的必需，送禮者都會選擇一份非常合適的，能很好地表現自己的禮物。選擇什麼樣的禮物，不同的人自然也不會相同，這從某種程度上可以看出一個人的性格。

1. 花少錢送「大」禮物

花比較少的錢選購禮物的人，總是不斷地追求一些表面層次的東西，然後希望能給人造成一種錯覺，相信這是內在實質上的東西。他們常常會衝動，做事沒有計劃，意氣用事，花費時間、精力和金錢，可是結果卻做了一些沒有實質意義的事情。他們的心胸不算太開闊，常爲一些小事計較個沒完沒了，耿耿於懷。他們總是希望付出很少，就能得到很多的回報。

2. 實用型禮物

在選購禮物時，總是選擇非常實用的東西的人，是非常現實的，他們盡管也非常希望浪漫一下，能夠製造出一些意外的驚喜，既愉悅自己，同時也愉悅他人，可是又由於受到各方面條件的限制，比如說經濟條件，他們便放棄了這個打算，又安於實實在在的生活。他們是

注重生活實際的，所以也常常以同樣的標準去要求別人，但結果卻並不如意。就因爲太現實了，生活如一潭死水，只爲生存而生活，和他人的矛盾時有發生。

3. 具有輕鬆幽默感的禮物

在選擇禮物時，總是希望能找到帶有一些幽默感的東西，能讓人笑起來的人，是十分熱情和親切的，爲人也比較隨和，而且他們很聰明和智慧。他們的感覺很敏銳，能洞察到別人的內心世界，但又不擅長表達自己的眞實想法。他們通常是很守信用的，只要是答應別人的事情，多會努力做到，而不讓對方失望。

4. 獨特型禮物

選擇的禮物必須獨特，要引起其他人極大的注意，並爲此不惜花費巨資的人送禮物的目的不在於禮物本身，更主要的是想表現自己。他們的表現欲望總是特別的強烈，時刻希望自己成爲眾人談論的焦點。他們有勃勃的野心，希望能有一番大的成就。

5. 植物型禮物

在送禮物時選擇送植物的人，總是不斷地懷疑自己、否定自己，對於自己提出的一項很好的建議，也會覺得沒有把握。他們經常把希望寄託在別人身上，想去取悅別人。他們沒有太多開拓、創新的膽識和魄力，所以很多時候都是隨波逐流，做好好先生，以保持中立。這樣，發生什麼事情，他們都不會負全部或是主要的責任。

6. 憑自己喜好選擇禮物

在送禮物的時候，憑自己的喜好，選擇一件自己想要的禮物送給他人。這一類型的人，多是比較自私的，他們凡事喜歡從自己的角度和立場出發去考慮問題，而不顧及別人的感受。同時，他們的目光應該說是短淺的，只著眼於現在，卻不能放眼將來的人，很少去考慮別人的任何想法，卻總是以自己的思想和標準去衡量和要求他人。有很多事情，雖然他們感覺到別人對自己存在著很大的不滿，但卻往往沒發現自身所存在的缺點。他們有很強的嫉妒心理，很難容忍他人獲得比自己大很多的成就。他們對關係到自身利益的任何事情，總是超乎尋常的在意，自己不肯吃一點點的虧。

7. 貴重型禮物

有些人喜歡在送禮的時候，往往認爲花的錢越多，越有價值、有意義。所以他們常常會忽略所送的禮物與要送給的人是否合適，而選擇非常奢侈和豪華的禮物。這樣的人大多是比較愛面子，有些不切合實際的，而且他們的邏輯思辨能力似乎也不是很強。

8. 自製禮物

喜歡自製禮物送給別人的人，他們的性格比較突出，他們的想像力和創造力也不錯，常會有一些發明創造。他們很勤勞，願意享受自己動手的勞動成果。他們很看重家庭，思想比較傳統和保守，對人較親切和隨和，富有同情心，在條件允許的情況下，會盡自己最大的努力去關心和幫助他人。他們常懷有很強的自信心。

3 從顏色喜好觀察對方性格

生活是多姿多采的，我們眼睛看到的一切也是五顏六色的。我們生活在一個色彩斑爛的世界中，不同的人會熱衷於不同的顏色，而從對顏色的喜愛上我們也可以觀察出一個人的性格和心理。

紅色是一種刺激性較強烈的色彩，它意味著燃燒的願望。喜歡紅色的人，多精力充沛，感情豐富，爲人熱情奔放。

黃色是一種健康的色彩，意味著健康、單純、明麗，喜歡黃色的人，大多屬於樂天派，熱愛生活，做事瀟灑自如，精力充沛，身心健康。

綠色是一種令人感到穩重、安適的顏色，喜歡綠色的人，性情多較平靜，充滿了希望和樂觀。而且這一類型的人，多具有積極向上的心理和青春的活力。

藍色本身是一種容易令人產生遐想的色彩，喜歡這種顏色的人，大多比較嚴肅和深沉，平時態度比較安定，遇事能保持鎮定自若。

紫色是寒色系的代表，它象徵權力，是一種表現貴族意味的顏色。喜愛紫色的人，多有

多愁善感、焦慮不安的性格傾向。

白色是一種潔淨，但足以令人產生膨脹感的顏色，它象徵純眞、樸素、神聖。喜愛白顏色的人，大多比較單純，但有一定的進取心。

黑色是代表死亡的色彩，比較壓抑、消極，但它也顯得高貴，能隱藏任何缺點。喜愛黑色的人，多含有小心謹愼心理，經常會將熱情壓在心底。

褐色是一種安逸祥和的顏色，喜歡褐色的人，大多比較安靜，沒有太大的野心，比較滿足於平安沒有紛爭的生活。

翠綠色給人的感覺比較清爽明快，喜歡翠綠色的人，也與常人有很多不同之處，他們屬於比較高雅和清高的類型。

4 從臥室裝飾愛好看主人

臥室可以說是一個非常個人化的空間，它可能是唯一一個完全屬於自己的場所。如何把這個有限的地方充分加以利用，達到最好的效果？這往往取決於臥室主人的聰明和智慧。一間臥室若要把它裝飾得恰到好處，每一件小飾物，都應該凝聚著房間主人一定的心思和精力。所以，從臥室的裝飾和擺設往往能看出其主人是一個什麼樣的人。

臥室就是生活的中心，它可以用來吃飯、睡覺，還可以用來娛樂。這一類型的人，多是比較外向的，他們希望自己能夠多些對他人的瞭解，同時也希望他人能夠對自己多一些認識。他們樂於與他人一起分享自己的幸福和歡樂，同時也能夠快樂著他人的快樂，痛苦著他人的痛苦。他們渴望能夠擁有一塊真正屬於自己的自由空間，然後隨心所欲地做一些事情。這一類型的人，自信心不是特別強，但他們善於調整自己，以使受挫感降到最低的限度，使自己能夠很快地重新再站起來。

在生活中，幾乎每一個人都有自己崇拜和敬仰的人物，有些人習慣把自己所崇拜和敬仰的人物的海報貼滿臥室。這一類型的人性格多少有些孤僻，若想更佳地與人相處，存在著一

定的困難。這一類型的人還有一些不注重實際，常會放棄一些唾手可得的東西，而去追求那些遙不可及的事物。他們缺乏自信，常常進行自我貶低，而抬高他人，他們總是覺得自己處處不如人。

臥室只是用來睡覺的，除此以外，其他的所有事情都在臥室之外的空間進行。這一類型的人的臥室經常保持整潔、樸素，每一件東西都有其自己的位置和特定的空間。他們的性格與臥室有著一定的相似之處，他們在爲人處世各個方面都有一定的規律性，而且懂得控制自己的情緒，不輕易發怒。他們能夠保證自己在絕大多數情況下，表現都非常得體、自然。

臥室雖然被裝潢得美侖美奐，但卻沒有多少鮮明的個人特色，這表明這間臥室的主人雖然有一定的欣賞格調，但卻拘於形式、規律而無法放開手腳，自由活動。他們對自己缺乏自信，經常否定自己。爲了維持住現狀，他們總是千方百計地想以最好的方式應付各種出現的情況，而絕對不會惹是生非，製造情況。他們在多數時候寧可奉命行事，也不願意當領導者。

有些人的臥室非常整潔和乾淨，但另外還有一些人的臥室卻亂得不成樣子，簡直是一個垃圾倉庫。這一類型的人，雖然外表上看起來，可能也是非常俐落的，但實質上則十分拖遝。他們爲人多是比較熱情的，但做事缺乏認眞負責的精神，常常是得過且過，敷衍了事。

臥室裡有各種玩具以及健身器材，這一類型的人多是外向型的，他們比較開朗和活潑，爲人熱情親切，而且還具有一定的同情心。他們希望生活中時時充滿激情，而討厭死氣沉沉、一成不變的慢節奏生活。

房間裡保留許多孩提時代留下來的東西，如各種玩具、有紀念價值的藝術品，甚至得過的獎狀等。這一類型的人有比較重的懷舊情結，常常會陷入到過去的某種情境中而無法自拔。他們樂於受到父母親人的保護及約束、限制，在思想上並不算十分成熟。他們多有較強烈的依賴心理，缺乏冒險意識，最樂於過目前這種衣食無憂、逍遙自在的日子。

5 從喜愛的運動透視對方

生活在於運動，運動對於人而言是一種必需，而生活當中絕大多數人也都在運動。不同的人會熱衷於不同的運動方式，這就是人心理活動的外露。

1. 喜愛籃球的人

喜愛籃球的人多有較大的理想和較高的目標，他們經常對自己抱有很高的期望，希望自己能夠比別人出色，站到別人前面去。爲了達到這樣的目標，他們可以做出很大的努力和犧牲。這其中可能避免不了要遭遇失敗，但他們受挫折以後多不會被擊倒，爾後一蹶不振，灰心喪氣，相反，他們的心理因質比較好，能夠重新站起來再接再厲。

2. 喜愛排球的人

喜愛排球的人多是不拘小節的，他們在做一件事情的時候，對過程的重視程度往往要超出結果許多倍。

3. 喜愛網球的人

喜愛打網球的人，多是文化素養比較高的人，因爲網球運動其本身就具有貴族的氣息和

很高的格調，並不是所有人都可以輕而易舉加入到這項運動來的。喜愛網球運動的人從整體上來說，多是屬於文質彬彬、有禮貌的那一種人，他們會在各個方面嚴格要求自己，使自己達到一個相對比較高的層次上，力求完美和完善。

4. 喜愛足球的人

足球運動本身就是非常刺激，能讓人興奮，喜歡足球的人，應該是相當有激情的，對生活持有非常積極的態度，有戰鬥的欲望，拼勁十足。

5. 喜愛高爾夫球的人

高爾夫球也是一種象徵著身份、地位和財富的貴族消遣，喜愛並不一定都能玩得起，凡是能夠玩得起的人，多是具有比較強大的經濟後盾的，而其本人也可以稱得上是個成功者。他們能夠成功是具備了成功者必備的素質：堅強的毅力、寬闊的胸懷、遠大的理想、不達目的不甘休的精神等。

6. 喜愛在體育館或俱樂部運動的人

喜歡在體育館或是健身俱樂部裡做自己喜愛的運動的人，大多比較外向，喜歡和很多人在一起而不是單獨一個人。他們會經常參加一些有組織性的活動，而在過程中，又能夠遵守紀律。這一類型的人有一個最大的特點就是好奇心明顯要嚴重一些，喜歡打探別人的祕密和

隱私。

7. 喜愛在家運動的人

購買運動器材，在家裡做運動的人，可能是個愛衝動的人，因一時衝動，想買運動器材，結果就買了，可是通常都用不了幾回，因爲家裡事情比較多，比較繁瑣，而且也沒有那麼堅強的毅力。

8. 喜愛舉重的人

喜歡舉重的人多比較偏重於追求表面化的東西，而忽略一些實質和內涵，他們通常都是很在意他人對自己持什麼樣的態度的，並爲此可能會改變自己，迎合他人。

9. 喜愛慢跑的人

喜愛慢跑的人，一般來說，性情都是比較溫和、親切的，對人也較熱情，他們在很多時候能夠和很多的人建立良好的交往關係。他們的心態比較平和，在絕大多數時候能保持冷靜，他們沒有太大的野心和抱負，比較容易滿足現狀。

10. 喜愛競走的人

喜歡競走的人，其性格是叛逆的、反傳統的，他們喜歡標新立異，盡情地向人展露屬於自己的獨特的東西。他們的自主意識比較強，不希望被人管制和約束，而渴望自由自在地想

做什麼就做什麼。

11.喜愛柔軟體操的人

喜歡柔軟體操的人，性格並不是特別的堅強，而且生活多沒有什麼規律，自我約束能力較弱，經常向自己妥協。這一類型的人若想自己今後的生活更好一些，最好的辦法就是，找一個在自己所存在的缺點方面很強的人，來監視和督促鼓勵自己。

12.喜愛自己編排運動項目的人

喜歡自己編排運動項目的人，生活態度一般來說是比較嚴肅的，他們做任何一件事情都會非常認眞地對待，並且追求高效率、高品質。他們對自己要求比較嚴格，對他人也同樣是。

喜歡邊看電視邊做運動的人，察顏觀色和自我意識能力比較強，他們往往是不需要別人說什麼話，就能明白自己到底應該做些什麼。他們懂得合理安排時間的重要性，所以在這一方面做得還算不錯。

13.喜愛騎自行車的人

喜歡騎自行車運動的人，相對的頭腦要靈活許多，他們做事不會死腦筋，只沿著一條路走，而是在幾條路中選擇最便捷的一條。他們對新事物的接收能力比較快，好奇心也很強，喜歡去一些未知的領域進行鑽研和探索。

14. 喜愛邊做事邊運動的人

邊做事邊運動的人，多是那種想像力相對較豐富，能把一些枯燥無味的事情變得趣味橫生，讓人很樂於去做的人。他們善於進行自我開導，有些事情即使十分不願意去做，也不會有抱怨。相反，他們會克制自己，從而把做不願意做的事情，當成是自我修養、自我改進的訓練方式。

15. 喜愛走路的人

把走路當成是一種運動方式的人，他們的爲人就和走路一樣，既不稀奇也不時髦，但是一直堅持下來，從中受到的益處卻是無窮無盡的。他們沒有很強的表現欲望，對能夠突出自己的事情並沒有多大的興趣。他們只是保持著相對的平穩，做自己該做、能做的事情。他們很有耐心，並且也有信心做好每一件事情。

6 從喜歡的音樂判斷人心理

或許每一個人都曾有過被某一首音樂作品感動的經歷。音樂是一種純感覺性的東西，聽音樂的時候喜歡聽哪一類型的，就說明他在這一方面的感覺比較好，而這種感覺很多時候又是這個人心理的眞實反映。

1. 喜歡聽古典音樂的人

多是一個理性比較強的人，他們在很多時候要比一般人懂得如何進行自我反省、自我沉澱，從而留下對自己非常重要的東西，將那些可有可無的，甚至是一些糟粕的東西拋棄。這樣的人大多很孤獨，很少有人能夠眞正地走入到他們的內心深處，去瞭解和認識他們，所以音樂在一定程度上成了他們的伙伴。

2. 喜歡搖滾樂的人

多是對社會不滿，有些憤世嫉俗，他們需要依靠著以搖滾的形式來發洩自己心中的諸多情緒。他們會時常感到迷茫和不安，需要有一個人領導著，逐漸地找回已經喪失或是正在喪失的自我。他們很喜歡與一些志同道合的人交往，他們害怕孤單和寂寞。

3. 喜歡鄉村音樂的人

多十分敏感，他們對一些問題常會表現出過分的關心，他們爲人多較圓滑、世故和老練、沉穩，輕易不會動怒。他們的性格多較溫和、親切，攻擊性欲望並不強。他們比較喜歡一種穩定和富足的生活。

4. 喜歡爵士樂的人

其性格中感性化的成分往往要多於理性，他們很多時候做事都只是憑著自己的直覺出發，而忽略了客觀的實際。他們喜歡自由的、無拘無束的生活，希望能夠擺脫控制自己的一切。他們對生活往往是追求其豐富多彩，而討厭一成不變的任何東西。他們的生活多是由很多不同的方面組成的，而這些方面又總是彼此互相矛盾著，從而給他們在表面籠罩上一層神祕的面紗，使他們在人前永遠是魅力十足的。

5. 喜歡歌劇的人

其性格中有很多比較傳統、保守的成分，他們大多是比較情緒化的人，但在大多數時候懂得控制自己的情緒，不會隨便地發作。他們做事比較認眞和負責，對自己很苛刻，總是要求表現出最好的一面，而努力做到盡善盡美。

6. 喜歡背景音樂的人

他們的想像力是相當豐富的，而他們的生活態度卻有點脫離現實而富於幻想，這就使他們有許多必然的失望。不過還好，他們比較善於自我調節，能夠重新面對生活，只不過幻想並沒有減少。他們的感覺是相當靈敏的，往往能夠在不經意間捕捉到許多東西。他們樂於與人交往，哪怕是不熟悉的人。

7. 喜歡流行音樂的人

簡單是流行音樂的主旨，這並不是說喜歡流行音樂的人都很簡單，但至少他們在追求一種相對簡單和自由自在的生活方式，而讓自己輕鬆快樂一些。

8. 喜歡情境音樂的人

情境音樂聽起來清脆悅耳，可以讓人產生愉快的心情。喜歡情境音樂的人，其大多都是比較內向的，他們渴望平靜和安寧，而不受到其他人或事的干擾。

9. 喜歡頹廢音樂的人

他們多有自卑感，從某種程度上來說他們的性格是較矛盾的。他們討厭一個人的孤獨和寂寞，渴望與人交往，但他們又很難與人建立起相對良好的交往關係。在這種情況下，他們會產生一種很反叛的心理，頹廢音樂正好使這種心理得到了滿足。喜歡頹廢音樂的人多崇尚暴力，有自我毀滅的傾向。

7 由喜愛的舞蹈分析對方

跳舞是人類最古老的一種溝通方式，它超越了所有的文化，是社會化過程中相當重要的一環。舞蹈就像語言一樣，不斷演進，同時反映出社會的價值和歷史的變遷。一個人跳舞的方式和喜愛的舞蹈，比說話更能透露出一個人的心理特徵，這好比人可以用嘴撒一個謊，但是用跳舞來撒謊卻是難上加難。

1. 喜愛芭蕾舞的人

一般多有很強的耐心，能夠以最大限度的忍耐性把一件事情完成。同時他們也很遵守紀律，具有一定的組織性，他們有一定的追求和理想，常會爲自己設定下一些目標，然後努力地去完成它們。除此以外，他們的創造性也是很突出的，常會有一些與傳統背道而馳的驚人之作。

2. 喜歡跳踢踏舞的人

多精力充沛，表現欲望強烈，希望能夠引起他人的注意。在遭遇挫折和磨難的時候，他們能夠堅持下來，從而度過難關。他們的時間觀念比較強，時間對他們來說是寶貴的，不會

輕易地浪費。而且他們的應變能力比較突出，在面對任何一件比較棘手的事情時，都能夠保持沉著冷靜，認眞地思考應對的策略，懂得如何進退，以保全自己。

3. 喜歡探戈的人

大多是不甘於平庸的，他們總是追求生活的豐富多彩，最好還要帶有一些神祕性。他們很重視一個人的才華和素養，在他們認爲，這可能是比其他任何東西都重要的。

4. 喜歡華爾滋的人

華爾滋是一種相當優雅，平衡感十足的舞蹈，喜歡這種舞蹈的人，多是十分沉著穩重，爲人比較親切、隨和，有一定的社會經驗和閱歷的人。他們精通各種禮儀，深諳人與人之間十分微妙的關係。所以在爲人處世、待人接物等方面，經過時間的磨練和自我的要求，他們總會表現得十分得體，恰到好處，在無形之中流露出一種成熟而又高貴的氣質和魅力。

5. 喜歡拉丁舞的人

拉丁舞包括了森巴、恰恰、吉魯巴等，喜愛這些舞蹈的人，多是精力充沛而又魅力十足的，他們有很強的自我表現欲望，希望能夠吸引更多人的目光，而實際上，他們也會引起他人的關注。

6. 喜歡搖滾舞的人

喜歡跳搖滾舞的多是一些年輕人，畢竟這是一種需要耗費大量體力的舞蹈，人上了年紀，即使是喜歡，也有可能跳不了。無論是喜歡跳的還是只能喜歡而無法跳的，大多是充滿了反叛思想行爲的人。搖滾往往更容易使人發洩自己心中的任何不滿情緒。喜愛跳搖滾舞的人，思想多是比較先進、前衛的，但這些先進、前衛的思想往往又很難被人接受理解，更不要說認可，所以說他們又是相當孤獨的一群人。

7. 喜歡跳交際舞的人

多半很樂意與人交往，對人與人之間那種相對頻繁，和友好的互動關係更是情有獨鍾。他們在爲人處世方面多是比較謹慎和小心的，而且具有較強的組織和創造能力。

8. 喜歡爵士舞的人

爵士舞基本上來說是屬於一種即興的舞蹈，喜歡這種舞蹈的人，多具有較強的隨機應變的能力。他們在爲人處世方面大多不拘小節，只要能說得過去就可以了，而且具有一定的幽默感，這種幽默感並不是故意表現出來的，而是一種機靈和智慧的自然流露，他們很喜歡和很多人在一起，但如果只是一個人，也能夠尋找和創造樂趣。

8 由喜歡的童話類型識別對方

童話故事雖然不眞實可靠，但它凝聚了作者的一種思想，這種思想很容易被讀者認同，以此產生共鳴，所以我們可以通過對方喜愛童話來看一個人。

喜歡「小紅帽」童話的人，大多缺乏一定的憂患意識，對一些人和事物從來不設防，而且他們很固執，輕易聽不進他人的勸告，把一切都想得很美好、很和善，到最後眞正吃虧上當受騙以後，往往連爲什麼都不知道。

喜歡「灰姑娘」童話的人，他們大多是聰明、智慧和漂亮的，這些優勢常會使他們在與他人的競爭中，不費什麼力氣就輕易獲勝，所以會時常遭到嫉妒，他們有很多時間都是在孤獨與無助之中度過的，所以一旦有人走近他們，對他們表示出了友好和熱情，他們就會與之眞心相對。

喜歡「白雪公主與七個小矮人」童話的人，大多虛榮心比較強。他們喜愛聽到讚美的聲音，樂於有許多人巴結和奉承自己，但從內心深處卻一點也不欣賞他們，甚至還有些厭惡，瞧不起他們。他們多是比較孤獨和無助的，沒有幾個眞正的朋友。

喜歡「睡美人」童話的人，其生活大多是相當沉悶和乏味的，他們迫切希望得到解脫，但他們並不寄希望於自己，而是指望他人。

喜歡「傑克和姬兒」童話的人，多具有一定的責任感，一旦做出承諾，就會想辦法兌現。而且他們對人多比較親切和熱情，能夠給予他人一定的關心和幫助，同時能夠與人同甘共苦而毫無怨言。

喜歡「美女與野獸」童話的人，多具有愛心和同情心，樂於幫助他們取得進步和成功，有大公無私的精神，是具有強烈的自信心的人。

喜歡「小墨菲小姐」童話的人，多缺乏冒險精神，為了安全情願保持現狀，原地踏步，而不想做什麼改變。當外界環境迫使他們不得不改變時，往往會做出一番成就。

9 從收藏的愛好看人的性情

有人喜歡收集收藏品，爲的是等待若干時日後升值；有的人收集收藏品是爲了提高個人修養，陶冶情操；有的人收集收藏品爲的是向別人炫耀，以顯示其高雅脫俗，不同凡響；也有的人收集收藏品是爲了懷念過去等，收藏品五花八門，收藏者的性格也就各具特色。根據專家的說法，從一個人所收集的收藏品可以瞭解到這個人的性格。

重視象徵榮譽物品的人，通常是對自己的現況不滿，總認爲自己曾經的輝煌不應該那麼快地湮滅，自己應該繼續享受榮譽和鮮花；這種人不瞭解「長江後浪推前浪」的關鍵作用，所以只能依靠回憶過去的光榮歷史，來撫慰自己的心靈。

收集書籍、雜誌和報紙的人，有學識和上進心，喜歡在家裡享受看書的樂趣，一人獨處，自得其樂。藏書雖多，資料豐富，但大多數都已經過時，沒有使用價值，但他們依然想憑藉這些來顯示自己的博學，所以在實際生活中總是比別人落後半拍。

收集照片、明信片的人，喜歡回憶過去歡樂的情景，相片爲他們和記憶中的人或景拉近了距離，使舊感情更加濃郁。向別人展示相片，也是向對方介紹自己的一種方式，而他們只

需指點幾下就夠了。把自己的人生當成一場戲，自編自演兼攝影，努力塑造完美，欣賞結果，更接受一切。

喜愛收集（舊）衣服飾物的人，大都愛打扮，喜歡揮霍，想通過外表使自己成爲眾人矚目的焦點。喜歡收集舊款式衣物的人，堅信自己的收藏品會再度流行起來，這是他們不可動搖的理由。保留舊衣物，與之如影隨形的觀念和思想，也就無法根除乾淨，而倔強的他們時刻相信它們會再度流行，到時不但省錢省力，更走到了大眾的前頭，會被稱爲高瞻遠矚。

收集藝術品、古董的人，因爲藝術品和古董往往代表高雅、博學，更是財富的象徵，表明收集者比較注重自己的社會地位和身份；由於收藏品的水準和價值是收藏者之間品味和目光的較量，所以他們的好勝心都很強。

收集旅遊紀念品的人，由於受收藏品的特性所決定，他們不斷地追求新鮮、奇特和怪異，並具有探幽索隱的勇氣；爲了追求令自己滿意的藏品，他們樂於冒險，敢於出入高山野嶺、荒漠戈壁，結果天南地北都留下了他們的旅行足跡。

收藏玩具的人，善於滿足，知道分寸，家裡是他們最快樂的場所，寧靜安逸的生活是他們莫大的享受；他們留戀過去，對曾經擁有過的一切感到自豪，並極力保存於記憶當中，總是用一顆稚子之心激起興奮和幸福；他們追求的，就是年輕，總是想辦法保持快樂，例如和孩子一起玩，給他們買玩具。

收集舊票據的人，有很強的組織和領導能力，細心，辦事條理清楚，按部就班，但是他們的精力大部分浪費在無用的細節，與沒有意義的過程當中，有時候覺得是未雨綢繆，實則是杞人憂天，因爲他們擔心的危險出現的機會實在是太渺茫了。他們偶爾也有尋找刺激的念頭，但考慮到眾多的細節，總是無法行動起來，所以他們的生活幾乎是一成不變的。

10 從旅遊方式偏好瞭解對方

現在，旅遊越來越成爲一種時尙和潮流。在工作、學習之餘，抽出一些時間，或獨自一個人，或是與親人朋友結伴，或是參加一些旅遊團，到一些旅遊景點去玩一玩，既放鬆了自己緊張和疲憊的心情，又可以豐富和提高自己的知識見聞，眞可謂是一舉多得。除此以外，從旅遊偏好中還可以瞭解一個人的內心世界。

1. 喜歡欣賞風景的人

他們討厭被人管制，他們對刻板的、乏味的、一成不變的生活充滿了厭倦，而嚮往能有一些新鮮、刺激的東西注入到生活中來。他們想過豐富多彩的生活，他們具有相當充沛的精力，希望自己能夠單獨做一些事情。他們有豐富的想像力和創造力，總是不斷地向新的未知領域挑戰，製造出一些意外的驚喜，當然有時候也是災難。他們是具有一定的責任心的，會對自己該負責的事或人負起責任。

2. 喜歡在海灘漫步的人

他們生性有些孤僻，有隱居山林的欲望和傾向。他們對各種人際關係和交往並不熱衷，

所以人際關係並不是很好。他們沒有太多的朋友，但一旦有，卻是感情非常好的。他們有一定的責任心，尤其是對自己的子女，往往會投入相當大的時間和精力。

3. 旅行時喜歡參加旅遊團隨團旅遊的人

他們具有一定的邏輯思辨能力，會把每一件事情都計畫得井井有條，然後再去做。比較現實，不富於幻想，也從不期待著會有什麼意外的驚喜出現。他們爲人較坦率和豪爽，也比較大方，有好的東西，經常會拿出來與其他人一起分享。他們能夠尊重和理解他人，比較賞識有才華的人。

4. 喜歡到各地去探訪親戚朋友的人

他們在待人接物方面表現出來的最大特點就是眞誠和熱情，而不是虛僞和做作。在與親人朋友相處的過程中，會給他們帶來極大的充實感和滿足感，他們把這一切看得都很重。他們多是實事求是的人。

5. 喜歡出國旅遊的人

這類人多是比較時尚，喜歡追著潮流走的人。他們比較具有幽默感，這樣可以讓他們以一種相對積極、樂觀而又向上的態度來面對生活，不會被生活中的一些挫折和磨難壓垮，從而時刻保持著充沛的精力和熱情。

6. 喜歡旅行時在外露宿的人

這類人品德素養水準比較高，懂得規範和約束自我的言行，使自己達到一定的境界，讓人讚嘆。他們個性相對獨立，具有一定的想像力和創造力，但他們的生活並不是存在於幻想之上，他們是很注重客觀實際的。

11 通過益智遊戲分析對方個性

所謂的「益智遊戲」就是以新方法運用舊知識來解決問題。經常接觸與之相關的遊戲，會使一個人逐漸地變得更聰明和智慧。

1. 喜歡拼圖遊戲的人

他們的生活常常會被一些意想不到的事情所干擾和左右，有時甚至是使長時間的努力和付出全部付諸東流，不過慶幸的是，這一類型的人具有一定的忍耐力和信心，在不如意面前，不會被擊垮，而是能夠保持自己再次奮鬥的精神，一切重新開始。

2. 喜歡縱橫字謎的人

他們多是做事非常看重效率的人，他們希望在最短的時間內，花費最少的精力、最大程度地完成某件事情，可這在某些時候是不現實的。他們很有禮貌和修養，在與人相處時彬彬有禮，顯示出十足的紳士風度。他們多有堅強的意志和責任心，敢於面對生活中許多始料不及的困難和災難。

3. 喜歡魔術方塊的人

他們多自主意識比較強，他們不希望別人把一切都準備好，而自己不需要花費什麼力氣或心思，他們也不喜歡把別人的思想和意見據爲己有，而是熱衷於自己去鑽研和探索，哪怕這需要漫長的過程和付出昂貴的代價，也不改初衷。他們具有很好的耐性，對某一件事情，他人在感覺不耐煩的時候，他們也還能堅持如一。他們心思靈巧，觸覺相當靈敏，喜歡自己動手製作一些小東西。

4. 喜歡玩幾何圖形遊戲的人

他們多是比較聰明和智慧的，他們對某一事物，常常會有自己獨到的見解，而不是人云亦云。在思想上比較成熟，爲人深沉而內斂，常常是一副成竹在胸的模樣。在做某一件事情之前，他們多是要經過深思熟慮，前前後後把該想的都想到，在心裡有了大致的把握以後，才會行動。這樣即使出現什麼變故，也能很快地找到應對的策略。

5. 喜歡顚倒字母組成新單詞的人

將某一單詞的字母隨意顚倒順序，組成新的單詞，喜歡這一類型文字遊戲的人，其思維反應多是相當靈敏的，隨機應變能力很強，對不同的環境或事情能在最短時間內與人協調一致。而且他們在對人的觀察這一方面也有一些獨到之處，能夠很快又非常準確地洞察一個人的內心世界。

6. 喜歡電腦益智遊戲的人

這類人多邏輯思維能力比較強，他們的生活多是極有規律的，有時候甚至達到了死板的程度。他們在爲人處世等各個方面並不圓滑也不世故，而是過分地有稜有角。結果，既易傷到別人，也會給自己帶來傷害。

7. 喜歡智力測驗的人

這類人生活沒有什麼規律性，而且對於各種事物的輕重緩急，並沒有一個清楚的認識，常常會將時間、精力甚至財力浪費在沒有任何意義的事情上面，結果反倒將正經事情耽誤了，可是他們並不爲此而懊惱或後悔，相反卻還找各種理由勸導和安慰自己。

8. 喜歡神祕類益智遊戲的人

這類人最顯著的特徵就是疑心比較重。他們對某些細節及一些細微的差別，總是表現得極其敏感，而這往往又會成爲他們爲自己的懷疑所找到的依據。他們會不斷地對他人進行指控，但緊接著又會爲沒有充分的證據進行說明，而感到苦惱。

9. 喜歡在一張照片中尋找錯誤的遊戲的人

他們活得多不輕鬆，常常會被一些沒有任何理由的煩惱困擾著，目前的現狀是一片大好，可他們卻往往要朝著不好的方面想。他們的胸懷多不夠寬闊，很少注意到他人的優點，卻總是盯著缺點不放。

12 從閱讀內容的喜好觀察人

報紙是一種資訊體，可以滿足我們很多需要，使我們既可以瞭解身邊的新聞，也可以縱觀世界風雲，所以報紙成爲人類生活必不可少的重要內容之一。報刊書籍是人類最偉大的朋友，無時無刻不在更新著人類的思想，傳遞著人類的文明。由於種種原因，每個人都養成了不同的閱讀習慣，因其不具有任何強制性，所以從中我們可以窺視出一個人的內心世界。具體分析如下：

1. 只閱讀喜歡內容的人，幽默自信

得到報紙後會用最快的時間將大概內容瞭解清楚，選擇自己感興趣的內容，有時爲了滿足好奇心搶奪熟人的報紙；當發現沒有自己喜歡的內容之後會把報紙擱置在一旁，偶爾抓過來做爲他用。他們大多活潑外向，幽默自信，喜歡熱鬧，廣交朋友，對很多東西都感好奇；有領導才能，但做事往往不能精益求精，有時敷衍了事，有小麻煩。

2. 為了消磨時間而讀報的人，忠厚老實

閱讀報紙只是爲了打發時間，尋找樂趣，所以得到報紙後隨手一扔，等感覺到煩悶和無

聊時才拿出來看。他們內向，孤獨，情緒不穩，辦事拖泥帶水，沒有魄力，人際關係差，自視清高，但有很強的想像能力，忠厚老實，不鑽牛角尖。

3. 迅速流覽報紙內容的人，富有活力

只要一拿到報紙，就會忘記置身何處，必先將報紙各版的內容瞭解清楚，哪怕時間緊迫，也置之不理。他們外向，富有活力，信心百倍，不善隱瞞，喜歡熱鬧，不遲鈍呆板，辦事周到積極，不排斥新事物，隨遇而安，有時喜歡張揚，聽不進他人勸誡。

4. 抽時間細心讀報的人，認真負責

買來報紙後，並不急於閱讀，而是放在一旁，用最快的速度將手頭上的工作做好，等到沒有其他的人或事分心的時候，再靜心閱讀，並將重要的內容裁剪下來保存好。他們較爲內向，不善言辭，自找樂趣，講究實際，自控能力強，認眞負責，能夠獨當一面，對交際應酬不感興趣，對他人也顯得熱情不足。

5. 喜歡閱讀財經雜誌的人，爭強好勝

不喜歡安於現狀，不甘寂寞，而且有知難而進的勇氣，爭強好勝，不願屈從，最喜歡超越別人；崇尚權威，渴望榮譽，努力尋找發達的時機，爲自己的人生譜寫出光輝燦爛的一筆。

6.喜歡閱讀時裝雜誌的人，難成大事

追求時尚，出手大方，以掌握最新服裝資訊和流行趨勢爲樂事，以顯示自己在此領域內的水準和能力；時間和精力都花費在外表上，忽略內在修養，所以難以成就什麼大事業。

7.喜歡閱讀言情小說的人，自信豁達

非常注重感情，能夠隨著故事情節的發展而與小說人物一起悲歡。他們對事物有很強的洞察能力，自信和豁達；吃一塹、長一智，很快會恢復元氣，有成就事業的可能。這種人以女性居多。

8.喜歡閱讀武俠小說的人，感情豐富

富於幻想，追求浪漫，心底深處有某種壓抑很深的英雄情結，總是希望自己能出人頭地；感情豐富，有時過於細膩，反而不受女性喜愛；個別人性格偏執，倔強，但不影響其引人注意的特性。

9.喜歡看傳記的人，野心勃勃

具有強烈的好奇心，謹慎小心，野心勃勃。他們善於衡量利弊得失，統籌全局，不打沒把握的仗，條件不成熟，決不會越雷池一步。

10.喜歡看通俗讀物的人，熱情可愛

喜歡看街頭小報、期刊雜誌。他們熱情善良，直爽可愛，善於使用巧妙而又幽默的話語活躍氣氛。他們有著非常強的收集和創造能力，趣味性的話題總是張口就來，他們經常是大眾眼中的小丑和寵兒。

11.喜歡看漫畫書的人，單純幼稚

一般都喜歡遊戲，童心未泯，性格開朗，容易接近；無拘無束，喜歡自由自在，不想把生活看得太複雜；對別人不加防備，往往在吃虧上當後才發覺自己是那麼的幼稚，能夠吃一塹、長一智。

12.喜歡讀偵探小說的人，知難而進

喜歡挑戰思想上的困難，富於幻想和創造，想像力也很豐富；善於解決難題，面對困難能夠從不同的角度進行分析，嘗試解決，知難而進，喜歡挑戰別人不敢碰的難題。

13.喜歡看恐怖小說的人，不善思考

簡單的生活讓他們感覺太乏味，渴望用刺激和冒險啟動自己的腦細胞。他們有懶惰的性格，不善思考，所以很難從周圍獲取樂趣和歡愉，同時對身邊的人不感興趣，所以不太合群，獨處一隅的時間較多。

14.喜歡讀科幻小說的人，想像力豐富

富有幻想力和創造力，常常被科學技術所迷惑和吸引，喜歡爲將來擬定計劃，但不講求實際，缺乏持之以恆的精神；總是爲他人喝彩，很少打造自己的輝煌，經常在幻想當中過日子。

15. 喜歡讀歷史書籍的人，分辨能力強

創造力豐富，講求實際，不喜歡胡扯閒談，把時間都用在有建設性的工作上面，討厭無意義的社交活動。古爲今用，他們能夠從歷史事件當中，汲取對自己人生有意義的東西；具有很強的分辨能力，深受周圍人的讚賞。

13 從閱讀的習慣方式觀察人

不同的人會有不同的閱讀習慣，買回一本書或是一份報紙，有的人會迫不及待地馬上就讀，但也有的人可能會把它先放在一邊，等閒暇時再安安靜靜地讀，這其中的差異，所以通過閱讀的狀態和習慣也可以看人。

拿到一本書或是一份報紙後，不論時間、地點和場合，總是迫不及待地想看看其中到底講了什麼內容，即使是手頭上正做著其他的事情，也會暫時先放一邊的人，做事總是風風火火的，雖然勁頭十足，但缺乏必備的穩定和沉著。他們的性格比較開朗和大方，眞誠而又豪爽，生活態度也很積極樂觀，有充沛的精力和熱情，是不甘於寂寞的好動份子。他們雖然頭腦很靈活，具有一定的隨機應變能力，但是並不善於掩飾自己，常常是喜怒形於色，他人往往會看個一目了然。他們的適應能力和交際能力並不弱，所以在社會上還算吃得開。他們的思想比較超前，對於新鮮事物的接收能力也很快，常常會有一些大膽的想法。但缺點是太愛出風頭，有些時候還有些剛愎自用。

拿到一本書或是一份報紙以後，先將它們放在一邊，盡快把自己手頭上的工作做好，然

後在沒有任何干擾的情況下，再將之拿出來，靜靜地仔細認眞地閱讀，看到比較好的內容，說不定還會剪下來貼到剪報上去的人，大多不怎麼說話，也不善交際，所以人際關係並不是特別的好。但是他們卻很有自己的思想和主見，不說則矣，一說常常是一鳴驚人。他們很注重於現實，不會有一些不切合實際的想法和做法，自我約束能力比較強，個性獨立，辦事認眞，只要是做，就會力爭把事情做好。他們對周圍的人，大多不是很熱情，他們不希望從其他人那裡得到什麼；他們很懂得自取其樂。

拿到一本書或是一份報紙以後，只是先大概地流覽一下，然後就放在一邊不看了的人具有一定的幽默感，善於交際，興趣廣泛，耐不住寂寞，他們希望生活中永遠都有許多人和歡聲笑語。他們具有一定的組織能力，但自我約束力差，做事常馬馬虎虎，得過且過，且時常招惹一些是非。

拿到書或是報紙時，放在一旁不看，只等到自己無事可做，或是心情煩悶的時候才把它們拿出來，權當是一種解悶的消遣的人，多性格孤僻，而且還有一些多愁善感。他們爲人處世缺乏堅決果斷的魄力和勇氣，不善於交際，常孤芳自賞，自命清高。他們多有很豐富的想像力，但又有些不實際。他們善於體察別人，具有一定的同情心。思想比較單純，爲人憨厚，一般時候不願意傷害別人。

14 從玩偶和寵物瞭解對方

如今寵物、玩偶已經成爲一種時尚，被大多數人所接受並喜歡。事實上，從心理學的角度來看，從喜愛的玩偶和喜歡的寵物，可以瞭解一個人的心理。

1. 喜歡養貓的人，獨立心強

他們一般不隨便附和他人，假如不喜歡對方，就會明白表示。這種人屬於內向型性格，喜歡孤獨，不善於對人表露感情，極少會向人敞開心扉，同時對自己嚴格要求，經常給人留下內向、不善交際、乖僻、冷漠、矯飾的負面印象。

2. 喜歡養狗的人，溫和

通常情況下，他們不太主動，往往是按照他人的想法行事。這種人多半屬於外向型，喜歡與人說說笑笑，很容易就與人打成一片，從外表看來，多半給人交際能力強、爽朗、富有人情味、敏感、坦誠的印象。如果他心裡有什麼情緒變化，會立即在臉上或言行舉止中表現出來。

另外，喜歡養外形醜陋的狗的人，大多對自己的容貌缺乏信心；喜歡養大型狗的人虛榮心強；喜歡養名狗的人大多具有歇斯底里的性格，而且表現欲較強；只養東洋犬不飼養其他品種狗的人，大多喜歡獨斷獨行，凡事好猜忌。

3. 喜歡養鳥或魚的人，孤僻

喜歡養鳥或魚的人，大都希望依照自己的意思來愛護這些寵物，同時也希望擁有完全屬於自己的世界。他們對於日常的人際關係相當厭煩，不善交際，多半屬於孤僻型。

4. 喜歡將父親送的禮物隨身攜帶的女性，戀父；喜歡將母親送的禮物隨身攜帶的男性，戀母

會將父親送的小禮物隨身攜帶或是小心保存的女性，都常具有戀父情結。如果與這種人有所爭執，產生疙瘩，經常是久久難以化解。婚後，婆媳之間的相處也會經常產生芥蒂。相反的，會將母親送的小禮物隨身攜帶的男人，則有戀母情結的傾向，容易與妻子發生衝突。

5. 注重榮譽品的人，戀舊

非常重視象徵過去的榮譽物品（獎盃、獎狀）的人，通常是對自己的現況不滿，試圖靠回憶過去的光榮歷史，來撫慰自己的心靈。

15 從汽車喜好看個人品味

隨著國民經濟水準的提高，對一些人來說，擁有屬於自己的汽車不再是夢想。喜歡什麼樣的車子，往往是個人品味的濃縮，由此也可對一個人的性格有個大致的瞭解和掌握。

1. **喜歡進口車的人**。這種人性格外向、自信、要強，非常現實的利己主義者，他們缺乏集體團隊精神，凡事只要是能給自己帶來益處的多可全盤接受。他們雖然也有很強的交際能力，但其中多以物質利益爲紐帶，一旦此一環節出現問題，那麼一切都會不攻自破。

2. **喜歡吉普車的人**。這種人有過強的虛榮心，取勝欲望強烈，希望把他人遠遠地甩在後邊，自己永遠保持第一名的優勢。自主意識也比一般人強烈，喜歡吉普車的人的性格往往就像吉普車一樣，能夠不辭辛苦地前往許多交通工具無法到達的地區。

3. **喜歡休旅車的人**。這種人性情溫和，誠實可靠。比較勤儉、節省，過日子時喜歡精打細算。他們總是能利用有限的時間、精力和金錢，做出與之不等量的事情來。他們在很多時候會贏得他人的尊敬和讚揚。

4. **喜歡豪華車的人**。這種人性格外向，比較自信。希望自己的表現與眾不同，並且具有一定的影響力，能夠吸引他人的目光。他們時常有成功的感覺，這種感覺多來自他人的讚美，但這又不是完全眞正發自內心的肯定。

5.喜歡轎車型汽車的人。這種人自我感覺良好，他們總是樂於向他人炫耀自己，從而想證明一些什麼。他們希望自己能夠得到他人更多的尊重和愛戴。

6.喜歡敞篷車的人。這種人屬於外向型的性格，他們樂於與外界進行各種接觸，而討厭死氣沉沉的生活。他們喜歡熱鬧，對色彩鮮豔華麗的事物情有獨鍾。他們對人多比較熱情，富有同情心，能夠給予他人關心和幫助。這一類型的人，對新鮮事物的接收能力也是很快的。

7.喜歡雙門車的人。這種人的控制欲和占有欲望是很強烈的，他們希望自己能夠領導他人而不是被他人領導。某一事物，一旦進入他們的視線被看中，他們就會盡一切努力去爭取，有股不達目的誓不甘休的勁頭。在爲人處世方面，他們更在乎的是自己的感受，而很少顧及到他人的心理，而對於他人有什麼樣的心理，也是持一副毫不在乎的無所謂態度。

8.喜歡四門車的人。這種人有較強獨立的個性，他們討厭被人所左右。因爲自己有過深刻的被人限制的感受，所以他們從來不會去約束別人。他們在絕大多數時候會尊重他人的意見和看法，給他人更多的自由選擇的餘地，哪怕這種選擇對他們來說可能是一種傷害，也還

會抱著理解和支持的態度。這一類型的人對人隨和，待人親切，所以會贏得更多人的依賴和尊重，爲自己營造出比較好的人際關係。

16 從洗澡方式的選擇看對方

沐浴是一種生活享受，它幫助你去塵除垢，洗去疲勞，迎接新生活。一個人的洗澡方式也能暴露出他內心的祕密。

1. 喜歡淋熱水浴的人，感性

習慣淋熱水浴的人易感情用事，以致到最後給自己造成或大或小的傷害。他們喜愛熱鬧，對某些東西也熱衷於比較鮮豔的色彩，具有一定的胸懷和度量。但缺少一定的思考能力，在各方面的表現都比較散漫，會給他人留下並不太好的印象，這樣或許會使自己失去很多的機會，尤其是在工作方面。

2. 喜歡淋冷水浴的人，理性

習慣淋冷水浴的人，具有一定的邏輯思辨分析能力，而且能夠控制自己的情緒，從而不做出過分偏激的事情。他們在絕大多數時候，不會只照顧自己的情緒，而使事情顯得不合事理、邏輯。

3. 喜歡淋浴按摩的人，不易滿足

習慣淋浴按摩的人，多比較會享受生活，對自己所處的現狀，絕對不會輕而易舉地就滿足，總是在不斷地追求新的、更高的目標。他們對新鮮事物的接受能力也是相當快的，並且自己也有可能向新的未知的領域進行探索和挑戰。他們的叛逆性一般都很強，會經常做出一些讓他人無法理解的事情。

4.喜歡洗泡泡浴的，人樂觀

習慣泡泡浴的人，多半很在乎自己的感受，會時常地放縱自己，可是到最後，卻往往要付出沉重的代價。這一類型的人是典型的及時行樂主義者，他們大多關注現在，而不為將來打算。他們還非常重視自己外在的形象，並在這上面花費巨大的時間、精力及財力，有時候甚至需要忍受身體的疼痛也在所不惜。

5.喜歡洗熱水盆浴的人，叛逆

習慣熱水盆浴的人，是一個自然主義者，在為人處世方面討厭虛假的矯揉造作，而崇尚本性的流露。他們具有一定的叛逆性，不受一般社會常規或舊式道德的規範。自我意識比較強，希望自己能夠引起他人的注意。

6.喜歡洗海綿浴的人，神經質

習慣海綿浴的人，他們最常有的感覺多是較強烈的無助感，而且缺乏安全感。他們有一

些神經兮兮，所以活得特別緊張和勞累。

7.喜歡洗蒸氣浴的人，深沉

習慣蒸氣浴的人，多半是工作十分疲勞，或是能夠很好地享受生活的人。他們具有一定的內涵，在為人處世各個方面比較深沉和穩重，能夠抓住本質，由內向外觀察問題、解決問題。正是由於這一點，再附加上足夠的自信，他們往往會取得一定的成功。

17 從名片偏好分析對方性格

名片雖小，但其花樣極其繁多，所以，從名片的種種細節方面來看，也能瞭解一個人的內心世界。

1. 喜歡在名片上用粗大字體印上自己名字的人，欲望強

喜歡在名片上用粗大字體印上自己名字的人，多表現欲望強烈，他們總是不時地強調自己，突顯自己，以吸引他人注意的目光。這種人的功利心一般都是很強烈的，但在爲人處世等方面，卻表現得相當平和和親切，具有紳士風度。他們最擅長使用某些手段來達到自己的目的，他們的外表和內心經常會相當不一致，在表面他們是相當隨和的，但實際上，不容易讓他人眞正地靠近。他們善於隱藏自己，爲人處事懂得眼力行事，更能把握分寸，使一切都恰到好處。

2. 喜歡用輕柔質感材料製作名片的人，不堅強

喜歡用輕柔質感的材料製作名片的人，具有很強的審美觀念。不太輕易與人發生爭執。在條件允許的情況下，會盡力去原諒對方。他們比較富有同情心，會經常去幫助和照顧他

人。但這一類型的人不算太堅強，意志薄弱，常會給自己帶來一些失敗和麻煩。

3. 喜歡在名片上附家裡地址和電話號碼的人，有責任感

在名片上附加自己家裡的住址和電話的人，大多是具有較強的責任感的，否則他不會把自己家裡的地址和電話印在名片上，這樣，如果他不在辦公室，對方一定會找到家裡來，把事情解決。而與此相反的，正有許多人爲了逃避工作上的麻煩，而拒絕告訴他人自家的地址和電話。

4. 喜歡在名片上加亮膜的人，虛榮

喜歡在名片上加亮膜，使名片具有光滑效果的人，他們在外表上看起來多顯得熱情、眞誠和豪爽，與人相交十分親切和善，但這可能只是他們交往中慣用的一種敷衍手段，實際上，他們多是虛榮心比較強的。

5. 喜歡在名片上印綽號和別名的人，叛逆

在名片上印有綽號和別名的人，其叛逆心理大多比較強，做事常無法與其他人合拍。他們爲人處世一般時候是比較小心和謹慎的，但有些神經質，常常會有一些無端的猜疑，猜疑別人的同時也懷疑自己，這使得他們很容易產生自卑感，在遇到挫折和困難的時候，缺乏足夠的信心，總是想妥協退讓。從某一方面來講，他們沒有太多的責任心，並且還總會想方設

法來逃避自己該負的責任。

6. 喜歡持不同名片的人，有實力

同時持有兩種完全不同的名片的人，精力往往是相當充沛的，同時也還具備一定的能力和實力，可以同時應付幾件事情。他們的思維和眼光較一般人要開闊一些，能夠看得更遠一些，他們常會有些深謀遠慮的策略和想法。他們的興趣相對要較寬較廣一些，所以他們懂很多別人不懂的東西。他們的創造力是很突出的，常會有一些驚人之舉。

7. 喜歡見人就遞名片的人，野心勃勃

不分時間、地點和場合，見到人就會遞自己的名片的人，大多有十分強烈的表現欲望，他們喜歡把自己擺在一個相當顯眼的位置上，讓所有人都能看到。見人就發名片，正是他們這種性格的淋漓盡致的表露，他們把自己的名片在一定程度上是當成宣傳單在使用。這一類型的人多有勃勃的野心，但他們很少輕易表露自己的這種心思，所以在一言一行上都顯得小心翼翼，但若是細心觀察，還是能夠把什麼都看得一清二楚的。

8. 喜歡不經意地掏一大堆別人名片的人，愛誇耀

經常若無其事地掏出一大堆別人的名片的人，他掏名片的目的不用任何說明就非常清楚了，這是他們誇耀自己的一種方式，希望他人能夠對自己另眼相看。這一類型的人自我意識多比較強，常常以自我爲中心，自以爲是。他們的社交能力、組織能力比較強，具有不錯的口才和充沛的精力，成功的機率還是比較大的。

18 從紙張固定方式上看人性情

無論是使用膠水、釘書機或是膠帶固定紙張的一角，或是撕開紙張的一角做記號，把兩張紙固定在一起的方式，從某種程度可以顯示出潛意識裡一個人的情感感受。

喜歡使用迴紋針來固定紙張的人，他們多善變，沒有定性，比較在乎自己的感受，有時會憑著一時的衝動感情用事。他們很難與某一個人長久地維持某一份感情，有的時間長些，有的則短些，這要視對方是什麼樣的人而定，但到最後，絕大多數都以結束而告終。他們雖然沒有定性，但心地並不壞，會盡自己最大的努力使對方受到最小的傷害。他們從來不向他人許諾，因爲他們太瞭解自己，知道自己開出的全部是空頭支票，根本無法兌現。江山易改，本性難移，他們依然是那麼善變，但或許是經歷得太多了，處理起類似的事情顯得圓滑和老練許多。

喜歡使用釘書機固定紙張的人，他們在很多時候，爲人處世的態度並不是特別積極，只有當外界施加給他們巨大的壓力，他們沒有選擇，不得不積極努力地去做的時候，才會激發他們的潛能，最後達到目的。

使用一般膠水來固定紙張的人，他們不會輕易地把自己的感情外露，但一旦他們對誰付出了感情，覺得有必要、有價值與之交往下去，就會百分之百地眞心實意地投入，他們會把對方看得相當重要，有時會讓人產生難以接受的感覺，但卻是可以理解的。他們能夠自始至終保持自己感情的忠誠，無論在什麼情況下都不會改變。人生中如若有緣和這樣的人交往，該算一幸事。

使用強力膠的人多半缺乏一種安全感，在與人交往中，他們更注重的往往不是感情，而是對對方的控制。他們意圖通過控制對方，滿足自己的安全感。他們會時常懷疑自己周圍人對自己是否忠誠，並不斷地找各種理由和方法進行試探。他們時常以非常的標準來要求自己的親朋，這是使人疏遠自己的最簡便方式，結果到最後，他們除了自己以外，可能會一無所有。

使用文件夾來固定紙張的人，大多懂得如何去迎合他人。在生活中，絕大多數人都習慣於以外在的形象去判定一個人，所以他們在這一方面是非常注意的，對自己的要求也比較嚴格。這一類型的人很會掩飾自己內心的眞實感情，即使是內心有非常大的不滿，也從來不會表現出來。他們具有一定的組織和公關能力，會把許多人聚集在自己的手下，聽從自己的調配。在所在的企業中，他們大多是有著舉足輕重的作用。

使用透明膠帶來固定紙張的人，生活多沒有規律，常將工作和生活混爲一談。在與人交往中，他們非常注重給對方充分的自由，同時自己也有這方面的要求。這樣，大家相處起來會更方便一些。

折紙張的一角以做標記，這一類型的人性格彈性比較大，能夠及時調整自己，適應他人的需要和要求，發生一些矛盾，也能輕而易舉地就消除。在交往中，他們更注重於現在，不想過去也不想將來。他們很在意自己的感受，只要高興就好，但並不想承擔什麼責任和義務。

撕掉紙張的一角以做記號，這一類型的人，他們很容易對他人付出自己的感情，並且還有可能因此而受到很深的傷害。在與他人的相處中，他們勇於做出一定的自我犧牲，有時會虐待和責罰自己。

使用銅製固定器的人，多半非常自信，一件事情，一旦決定要做，他們的目標就是一定要成功。他們會非常認眞仔細地觀察，找出一些怎樣才能使事情成功的突破口，然後在一切準備就緒之後，一舉成功。他們對他人常有較強的洞察力，知道怎樣做才能讓他人高興。他們似乎很少有出錯的時候，所以有很多人樂於與他們交往。他們的人際關係是相當不錯的。

從來不用固定器固定紙張的人，多喜歡無拘無束、自由自在的生活。

19 從珍藏的紀念品中看對方

保存紀念品對人而言是有著非常重要的意義和作用的，它多半是對過去生活的一段總結和記錄，會讓人在記憶中對這段生活有一個完整的回憶。通過它們也可看清對方。

珍藏舊情書的人，大多懷舊情結比較嚴重。他們有很多的浪漫情調，並總是在不斷地找機會進行實現，除此外還有一些多愁善感。他們並不堅強，對他人有依賴心理，總是希望自己成爲被關心、幫助的對象。

珍藏舊電話號碼本的人，他們多是十分看重與人的交往的，對友情十分忠誠。

珍藏旅遊紀念品的人，對自己的追求和理想往往有比較強烈的執著精神，爲此可以經受比較嚴峻的各種挑戰而毫無怨言。他們待人比較坦誠，但做事往往欠缺周密的考慮和打算，以至於到最後可能會出現一些不盡如人意的現象。

珍藏舊玩具和舊遊戲的人，多玩性較重，他們對生活的態度多是積極和樂觀的，即使遇到某些遭遇和變故，也能夠及時地開導和調整自己，以快樂的心境來面對。

喜歡收集破器具、舊釘子、生了鏽的螺絲釘等東西的人，多具有比較強的寬容力和忍耐

力。他們有大公無私的精神，這種精神自然會使他們很容易地就得到他人的讚賞。他們有時候也會傷害到他人，尤其是自己比較親近的人，他們時常會爲了其他人、其他事而忽略了自己的親人。

珍藏舊書、舊報紙、舊雜誌的人，多是很有些文化底蘊的人，他們長時間保持有讀書看報的習慣，知識學識比較淵博。這一類型的人常有些自命清高，從不攀附權貴，淡泊名利，有些自以爲是，不太容易接受他人的意見和看法。

珍藏註銷了的支票和收據的人，多具有較強的組織能力。在爲人處事等各個方面比較小心和謹慎，辦事腳踏實地，有條有理。但有時會把一些時間和精力浪費在一些小的細節上，這嚴重地影響了成功的機率和速度。他們具有一定的冒險精神，但卻缺乏魄力和勇氣將之付諸行動。

喜歡珍藏舊衣服的人，懷舊情結很濃，有些自負，常常自以爲是，並且對自己的思想充滿自信，寄予很大的希望。

喜歡珍藏舊照片的人，有比較強的表現欲望，希望他人能夠更加地瞭解自己，對各種事物的接受能力比較快，即使是很糟糕的事情，他們也會開導自己，讓自己逐漸地接受。

喜歡珍藏嬰兒鞋的人，有比較濃厚和強烈的親情意識，非常愛自己的家人，同時也希望

自己能夠得到家人的愛。他們對新鮮事物接受起來比較困難，更不會輕易去尋求改變，有時顯得很嚴厲和固執。

20 從選擇家具看人性格

日常生活中，一個人的性格，從他選擇自己所需的家具及家居擺飾物品中，可以看出來。

(1)選擇顏色深的現代家具的人。這種人性格活潑、多動、思路敏捷。

(2)選購仿古的深色雕花產品，配以中西文化爲背景家具的人。這種人思路敏捷、富於幻想、有事業心，但可能有重色輕友傾向和身體素質不高的情況。

(3)選擇淺色多功能家具的人。這種人性格堅強但易衝動，擁有旺盛的精力。

(4)選擇一些流行款式的家具和具有獨特的玻璃表面的器皿等飾物的人。這種人比較固執，但直覺敏銳，又是喜歡精緻物品的人。

21 從約會場所的選擇上看人

日常生活中，朋友之間的約會，最能反映一個人深層心理的最佳指標。不論男女，從他（她）選擇與好友約會的場所可以看出其性格。

1. **選擇車站的人**。這種人性格急躁，辦事風風火火，他們很有時間觀念，做事講究效率。在車站與朋友會面，就是爲了方便，把話說完就上車走人。這種人雖然工作出色，但人際關係處理得不是太好。

2. **選擇在公園見面的人**。這種人性格外向，熱情大方，活潑開朗，個性奔放，熱情、直率、獨立，是天生的領導者。

3. **選擇在酒吧、茶館、咖啡店見面的人**。這種人性情溫和熱情浪漫，很會享受生活。感情豐富，處處追求舒適，是個對自己很好的人。

4. **選擇在家門前的人**。這種人性格外向，毛毛躁躁，不太成熟，獨立性強，不會做事。但人比較老實。

22 從親吻的喜好識別男人

愛情是如此的豐富，世界才變得如此豐富多彩、百態千姿。做爲女人，如果你正在熱戀中，不妨留心一下他的吻啊。

下面看看他所喜歡親吻的部位所表現出來的心理狀態或特徵：

1. **親吻頭髮**

在兩性關係上，這種人比較愛吃醋，忌妒心很重，具有很強的占有欲。在感情生活中，他們常常會受到挫折，有時還會爲情愛身敗名裂。

2. **親吻額頭**

積極創造人生的人，人際關係良好，能夠給人溫柔體貼的感情。這種人的愛情盡在不言中。

3. **親吻眼睛**

這種人可以不惜一切爲愛情犧牲，他們希望能夠征服心中的情人。資料表明，這種人也喜歡親吻性感地帶。

4.親吻鼻子

這是最喜愛做愛的人。這種人有雙重個性，他們很貪玩，不容易建立良好的事業基礎。

5.親吻臉頰

這種人比較平和，「以和爲貴」是他們的處世準則。他們比較重視友誼，能夠始終忠於愛情。但是這種人比較容易受騙。

6.親吻耳朵

這種人是最善解人意的，他們很容易瞭解別人的心事和痛苦。在感情上，他們敢愛敢恨。這種人很會利用別人達到自己的目的。

7.親吻嘴部

這種人對愛情很專一，吻了別人就說明他們已經以身相許。這種人有很強的道德觀。

8.親吻脖子

這種人對愛情一般都是三心二意，在他們的心目中，不會有什麼天長地久的戀愛。但是這種人卻常常要求對方死心塌地等待自己。

9.親吻肩部

這種人在精神上很需要安慰。但是他們即使內心無比渴望安慰，也從來不會輕易表達出

來。這樣的人很容易陷入別人安排好的圈套之中。

10. 親吻手臂

這種人很善於尋找人生的機會，他們懂得試探別人的需要，很會尋找良好的機會。

11. 親吻手背

這種人常常被別人稱爲「情聖」，他們不僅懂得掌握男女感情，還懂得伺機而行，野心大得很。

12. 親吻手心

這種人很渴望得到對方的眞心，他們通常希望得到有品味的愛情。

13. 親吻腳和腳趾

這種人比較尊重對方的感覺，一般會把對方當成爲生命中最重要的人物。因此他們常常會委曲求全，以便獲得對方的心。

當然，要在戀愛的時候正確地判斷一個人的個性，專門從親吻這一項來下結論未免失之偏頗，所以，只能說是一個方面，僅供參考。

國家圖書館出版品預行編目資料

察人於形：別讓習慣害了你／萬劍聲著. -- 初版. --
- 新北市：華夏出版有限公司, 2023.08
面；　公分. --（Sunny 文庫；302）
ISBN 978-626-7296-11-0（平裝）
1.CST：行為心理學

176.8　　112002589

Sunny 文庫 302
察人於形：別讓習慣害了你

著　作　萬劍聲
印　刷　百通科技股份有限公司
　　　　電話：02-86926066　傳真：02-86926016
出　版　華夏出版有限公司
　　　　220 新北市板橋區縣民大道 3 段 93 巷 30 弄 25 號 1 樓
　　　　電話：02-32343788　傳真：02-22234544
E-mail：pftwsdom@ms7.hinet.net
劃撥帳號　19508658 水星文化事業出版社
總 經 銷　貿騰發賣股份有限公司
　　　　新北市 235 中和區立德街 136 號 6 樓
　　　　電話：02-82275988　傳真：02-82275989
　　　　網址：www.namode.com
版　次　2023 年 8 月初版一刷
特　價　新台幣 320 元（缺頁或破損的書，請寄回更換）

ISBN-13：978-626-7296-11-0